苏州市泰伯文化研究会 编

朱 红 主编

泰伯文化研究

二〇一六年卷

古吴轩出版社

中国·苏州

资　助：

苏州市文学艺术界联合会　苏州市财政局

编辑委员会：

张澄国　胡韵荪　朱　红　吴永敏
徐刚毅　吴恩培　王稼句

目 录

学术论坛

从吴大城到吴郡城…………………………………………………王稼句 / 001
吴掘邗沟及其深厚的历史文化背景——春秋吴国国家战略的演变……吴恩培 / 023
外来家族与吴地文化…………………………………………………朱春阳 / 031
文献学和音韵学视野中的《哀慕歌》时代问题……………………赵承中 / 041

随笔杂俎

读吴杂记………………………………………………………………陈　益 / 058
寻味古吴………………………………………………………………朱　军 / 072
有关泰伯、仲雍、季札之楹联赏析…………………………………王家伦 / 076

吴氏文化

吴氏祖像拓本…………………………………………………………孙中旺 / 091
光绪十五年，吴大澂的金色年华……………………………………胡伯诚 / 093
吴大澂著作两种………………………………………………………李　军 / 107
《愙斋自订年谱》稿本………………………………………………钱轶颖 / 111
吴氏人物札记…………………………………………………………王　放 / 113
藏在妆奁中的十里洋场——吴友如飞影阁仕女画研究……………周孟圆 / 121

明清苏州吴氏闺阁画家摘录……………………………………………… 吴眉眉 / 126

吴门书道

论简册早于甲骨文……………………………………………………… 张士东 / 133
苏州园林书条石文化初探——浅析固化在园林中的书法艺术…… 潘振元 / 142

会讯

苏州市泰伯文化研究会2016年大事记………………………………… 159

从吴大城到吴郡城

王稼句

编者按：

　　1986年，苏州市举办了建城两千五百周年的纪念活动，这是依据文献，从吴王阖闾兴建吴大城算起的。但也有争议：其一，认为阖闾之前姑苏已有寿梦城和诸樊城，吴大城并非首创；其二，认为顾颉刚先生所说"吴大城即今苏州城"值得商榷，因为吴越最后一战的记载表明，吴大城的方位在今石湖越城遗址以西。关于第一点，考虑到吴大城的历史影响，主办方把它作为始建标志也未尝不可；关于第二点，经近年田野考古发掘得到了证实，吴大城故址在今木渎、藏书一带。这又引出了新问题：那么今苏州城从何而来？查历史记载，越王翳从琅琊迁都于"吴墟"，楚黄歇父子治吴，都有修建的可能。但据苏州出土文物的研究，今苏州城应为汉代所建，则建于越、楚之说可以排除。又据《越绝书》记载，汉初"刘贾为荆王，并有吴。贾筑吴市西城，名曰定错城。属小城北到平门，丁将军筑治之"，这似乎有了答案，然而司马迁于元朔年间壮游至吴，曾感叹"观春申君故城，宫室盛矣哉"，可知直到汉武帝时代，"故城"还在老地方。因此，今苏州城究竟起建于何时，一直是个谜。

　　近见王稼句先生新著《纵横姑苏》书稿，这是以时间为经，以空间为纬，研究苏州城市史之力作。书中有不少精辟的新见解，其前三章里恰好有对上述问题的剀切解答：认为苏州有二千六百年史，今苏州城约建于西汉晚期王莽时代，不但是历史上最早的礼制性大城，而且迄今保存完好，乃属世界城市史上的奇迹。

吴大城的起建

追溯苏州城市史，应该从寿梦说起。

寿梦相传是仲雍裔孙，乃去齐之子，名乘，又称孰姑，公元前585年继位。在吴国史上，他第一个称王，也是从他开始，吴国才有明确的纪年。《史记·吴太伯世家》说："去齐卒，子寿梦立。寿梦立而吴始益大，称王。"又说："大凡从太伯至寿梦十九世。王寿梦二年，楚之亡大夫申公巫臣怨楚将子反而犇晋，自晋使吴，教吴用兵乘车，令其子为吴行人，吴于是始通于中国。"寿梦在位二十五年，公元前561年卒。"寿梦有子四人，长曰诸樊，次曰馀祭，次曰馀眛，次曰季札。季札贤，而寿梦欲立之，季札让不可，于是乃立长子诸樊，摄行事当国"。

寿梦时代的吴国都城在哪里？一说仍在梅里。张守义《史记正义·吴太伯世家》说："太伯居梅里，在常州无锡县东南六十里。至十九世孙寿梦居之，号句吴。"一说寿梦已别徙，《世本·居篇》说："吴孰哉居藩篱，孰姑徙句吴。"孰哉即仲雍，藩篱即梅里，意谓仲雍之居在梅里；孰姑即寿梦，则已徙句吴。《史记正义》和《世本》的"句吴"是同一概念，司马贞《史记索隐·吴太伯系家》说："颜师古注《汉书》，以吴言'句'者，夷语之发声，犹言'於越'耳。"可知"句吴"即吴。今本《吴越春秋·吴太伯传》说："故太伯起城，周三里二百步，外郭三百余里，在西北隅，名曰故吴，人民皆耕田其中。""孰姑徙句吴"这句话，重在一个"徙"字，意谓寿梦已徙置都城，但仍在吴"外郭三百余里"的范围内。或说寿梦所徙都城在胥湖口，翁澍《具区志》卷五引《图经》："吴王寿梦故城在胥湖口。"胥湖是太湖东岸五湾之一，《史记正义·夏本纪》引顾夷《吴地记》："胥湖在胥山西，南与莫湖连，各周回五六十里，西连太湖。"唐宋学者也多寿梦徙都的记载，陆广微《吴地记》记了三条：一，"其后至寿梦，始别筑城为宫室，于平门西北二里"；二，"夏驾湖，寿梦盛夏乘驾纳凉之处，凿湖池，置苑囿，故今有苑桥之名"；三，"都亭桥，寿梦于此置都驿，招四方贤客，基址见存"。寿梦时，楚大夫申公巫臣适吴，卒葬于吴，乐史《元和郡县志》卷九十一引《郡国志》："申公巫臣冢亦在西南齐门。"朱长文《吴郡图经续记》卷下引《图经》："巫臣冢在将门外。"以上引文提到的"平门"、"夏驾湖"、"苑桥"、"都亭桥"、"齐门"、"将门"，当按地名随迁之例，都不在今苏州城范围内。又，昆山故城亦寿梦所筑，李吉甫《元和郡县志》卷二十六说："昆山县，本秦汉娄县，其城吴子寿梦所筑。"

1992年，浒关真山大墓被发现，陆续进行考古发掘。其中大真山顶的春秋墓葬，封土高厚，墓室宽大，葬具为七棺二椁，并由玉面饰、珠襦、玉甲饰和阳具饰组成玉殓葬。《礼记·礼器》说："有以大为贵者。宫室之量，器皿之度，棺椁之厚，丘封之大，此以大为贵也。"如此规格的墓葬，与曲村北赵晋侯墓、寿县蔡侯墓的级别几乎相等，当是春秋中后期诸侯王墓葬。据苏州博物馆《真山东周墓地》推断，墓主唯有寿梦。《左传·襄公十二年》记道："秋，吴子寿梦卒。临于周庙，礼也。"如此则寿梦已徙都今苏州无疑矣。

如果以寿梦徙都作为苏州城市史的起始，至今已有两千六百年了。

寿梦卒，长子诸樊继位。《世本·居篇》说："诸樊徙吴。"张守节《史记正义·吴太伯世家》也说："寿梦卒，诸樊南徙吴。"这是寿梦之后又一次扩建都城。如果说寿梦都城在胥湖口，或因城址占地狭窄，或因自然环境变化，诸樊将城郭的范围向内陆扩大。诸樊卒，又历馀祭、馀眛，馀眛卒，传其子于州，即僚。自诸樊至僚的都城，没有徙移的文献记载。就僚时的情形来说，这个都城已有一定规模，市场交换频率较高，设有专门管理市场的市正。伍子胥出奔至吴，在吴王僚五年（前522），《越绝书·荆平王内传》说："子胥遂行至吴，徒跣被发，乞于吴市三日，市正疑之，而道于阖庐曰：'市中有非常人，徒跣被发，乞于吴市三日矣。'"又，今本《吴越春秋·阖闾内传》记了两个故事，一是刺客要离为取信庆忌，"乃诈得罪，出奔。吴王乃取其妻子，焚弃于市"；二是阖闾女滕玉死后，"乃舞白鹤于吴市中，令万民随而观之，还使男女与鹤俱入羡门，因发机以掩之，杀生以送死"。这两个故事都发生在阖闾即位后不久，吴大城的营造，或未开始，或尚在建设之中，吴国的政治中心仍在僚的旧都，当时居民的聚集和市场的规模，由此可见一斑。

公元前514年，诸樊之子（一说馀眛庶子）公子光用专诸为刺客，弑僚而篡夺王位，号为阖闾。阖闾登祚不久，就计划新造大城，这应该是在诸樊至僚的故城基础上进一步向内陆扩大，规模更巨，增筑更多，军事防御功能大大加强。《史记·仲尼弟子列传》说："夫吴，城高以厚，地广以深，甲坚以新，士选以饱，重器精兵尽在其中，又使明大夫守之。"这座大城，史称吴大城、阖闾城、阖闾大城、吴越城等。

这座大城的坐落,不见先秦文献记载,至《越绝书》才提到它的所在,只是说得比较隐晦,容易被忽略。一是《计倪内经》说越王勾践问计于计倪:"吾欲伐吴,恐弗能取。山林幽冥,不知利害所在。"则吴大城在山林之中,并非今苏州城之坐落平原。二是《外传记军气》说:"吴故治西江,都牛、须女也。""西江"即胥江,横贯吴大城。《书·禹贡》有云:"三江既入,震泽底定。"唐代学者才具体落实"三江",陆德明以松江、娄江、东江为三江,颜师古以北江、中江、南江为三江。从地理形势来看,胥江古称"西江",也颇为合理。正德《姑苏志》卷十说:"三江之外,其支流一派,东出香山、胥山之间,曰胥口。"自先秦至北宋,这条水道并无胥江之名,先秦称西江,至唐仍称西江,卫万《吴宫怨》云:"君不见吴王宫阁临江起,不卷珠帘见江水。晓气晴来双阙间,潮声夜落千门里。勾践城中非旧春,姑苏台上起黄尘。只今惟有西江月,曾照吴王宫里人。"末两句后被李白偷去,写入《苏台览古》。韦应物《游灵岩寺》则云:"始入松路永,独忻山寺幽。不知临绝槛,乃见西江流。"王建《白纻歌》亦云:"馆娃宫中春日暮,荔枝木瓜花满树。城头乌栖休击鼓,青娥弹瑟白纻舞。夜天瞳瞳不见星,宫中火照西江明。"唐人又称西江为西塘,张籍《送陆畅》有云:"贵门旧宅今谁住,君过西塘与问人。"西塘之名持续甚久,明初孙蕡《西塘图为姑苏吴隐君题》有云:"太湖三万六千顷,荡漾咫尺阊门云。姑苏台荒烟树绿,下著诗翁数椽屋。"约两宋时,方有胥塘、胥江、胥溪之称。这条水道由"西江"逐渐衍变为"胥江",与伍子胥故事的深入人心不无关系,在地名变迁史上是个典型例子。

至于明确表达吴大城即今苏州城的说法,则已在唐代中期,杜佑《通典·州郡十二》说:"苏州,春秋吴国之都也。"张守节《史记正义·吴太伯世家》说:"至二十一代孙光,使子胥筑阖闾城都之,今苏州也。"刘良注《吴都赋》也说:"吴都者,苏州是也。"李吉甫《元和郡县志》亦持此说。自此以后,这个说法遂成正统。但在唐代,亦未得到普遍认同,如白居易《东城桂三首》小序就说:"苏之东城,古吴都城也,今为樵牧之场。"周南老《齐云楼记》说:"按乐天赋东城桂,谓古都在苏东地,已废而为樵刈之场,是乐天已不详为吴之故宫矣。盖世事绵邈,文献不足,虽则陵谷之变迁,不可得而识者多矣,独宫室也乎哉。"白居易之说,大概缘于甫里阖闾浦的吴宫故实,陆龟蒙亦有《问吴宫辞》。

虽然吴大城即今苏州城之说,居正统地位,但吴大城在今木渎一带,则故老相传,悠悠千载。如朱长文《吴郡图经续记》卷上说:"流俗或传吴之故都在馆娃宫侧。"洪武《苏州府志》卷四提到"阖闾都"时引《崇德县志》:"吴之国都,今平江木渎。"清初葛芝《游仰天坞记》说:"徐山人指示旧城之基,始知吴王建国,连山跨谷,俯瞰太湖,故相传响屧、玩花、采香诸迹不越数里内。今去郡城约三十里,迁筑之日未知何代,吾安知数百年之后不更改卜于是耶,人世推迁,何常之有。"迄至于今,田野考古学者还发现不少传说和谚语,类如"先有木渎镇,后有苏州城"、"先有长岗浪,后有苏州城"、"拿下白鹤顶,败了苏州城"等,佐证了这一说法。

在其他文献记载中,也可看到吴大城在今木渎一带的证据。

先从吴大城外来说。《左传·哀公十七年》说:"三月,越子伐吴,吴子御之笠泽,夹水而阵。"《吴郡志》卷八记胥门外有越城:"越伐吴,吴王在姑苏,越筑此城,以逼之,城堞仿佛具在。"越城遗址在今石湖东岸,所逼之"姑苏",指姑苏台,正在对岸,即今越来溪西横山一线之后。如果吴大城在今苏州城,则不可能于此相持。又,《国语·吴语》记伍子胥将死,留下遗言:"以悬吾目于东门,以见越之入,吴国之亡也。"《史记·吴太伯世家》亦记子胥将死,遗言曰:"树吾墓上以梓,令可为器;抉吾眼置之吴东门,以观越之灭吴也。"《史记正义·吴太伯世家》引《吴俗传》:"子胥亡后,越从松江北开渠至横山东北,筑城伐吴,子胥乃与越军梦,令从东南入,破吴。"越军自"东南入",那吴大城必在越来溪西,"悬吾目于东门"才说得通。又,《吴郡志》卷五十引《吴地记》:"阖闾十年,国东有夷人侵逼吴境,吴王大惊,令所司点军。王乃宴会亲行,平明出城十里,顿军憩歇,今憩桥是也。王曰:'进军。'所司又奏:'食时已至,令临顿。'吴军宴设之处,今临顿是也。"憩桥、临顿均在今苏州城内,如果"出城十里",惟吴大城在横山之西才合符,如果大军尚未出城,就要憩歇、临顿,岂非笑话。

再从吴大城内来说。据《国语·吴语》记载,吴王夫差十四年(前482),"越王勾践乃率中军泝江以袭吴,入其郛,焚其姑苏,徙其大舟"。韦昭注:"郛,郭也。""大舟,王舟;徙,取也。"则姑苏台在郭内;"大舟"当在太湖近岸,则其郭临湖也。吴王夫差二十三年,"越师遂入吴国,围王台"。韦昭注:"王台,姑苏。"又证以姑苏台在郭内。《越绝书·外传记吴地传》说阖闾"以游姑胥之台,以望太湖,中阚百姓","中阚百姓"则又得一证。同书又说:"阖庐之时,大霸,筑吴越城。城中有小城二,徙治胥山。"又《太平御览》卷四百八十六引《吴越春秋》:"越伐吴,吴王率其贤良投于胥山,越兵大至,围吴三重。"则胥山在郭内,山有小城,曾徙治于此。《越绝书·外传记吴地传》又说:"放山者,在莋碓山南,以取长之。莋碓山下,故有乡名莋邑。吴王恶其名,内郭中,名通陵乡。"莋碓山即今狮子山,则狮子山南一带亦在郭内。《吴郡志》卷十五引《枕中记》:"吴西界有华山,可以度难。"则华山亦当在郭内。

更重要的是,今苏州城平面呈矩形,规制整齐,但在汉之前,并无如此中规中矩的礼仪性城市。《周礼·夏官司马》说:"掌固,掌修城郭、沟池、树渠之固。""若造都邑民,则治其固,与其守法。凡国都之竟,有沟树之固,郊亦如之,民皆有职焉。若有山川,则因之。"《管子·乘马》也说:"凡立国都,非于大山之下,必于广川之上,高毋近旱而水用足,下毋近水而沟防省。因天材,就地利,故城郭不必中规矩,道路不必中准绳。"吕思勉《先秦史》第十三章提到当时城郭制度时说:"城版筑所成,城之外为郭,亦曰郭,则依山川形势为之,非如城之四面有墙也。"吴大城即呈不规则形。据《越绝书·外传记吴地传》记载,"吴大城,周四十七里二百一十步二尺。陆门八,其二有楼。水门八。南面十里四十二步五尺,西面七里百一十二步三尺,北面八里二百二十六步三尺,东面十一里七十九步一尺。阖庐所造也。吴郭周六十八里六十步"。郭中有吴小城、东宫、路西宫、伍子胥城。"吴小城周十二里,其下广二丈七尺,高四丈七尺。门三,皆有楼,其二增水门二,其一有楼,一增柴路"。"东宫周一里二百七十步。路西宫在长秋,周一里二十六步"。"伍子胥城,周九里二百七十步"。这种形式,合乎春秋都城的一般规律。

再从今苏州城内的考古发掘来说,自二十世纪五十年代以来,各段城墙都发现夯土层,出土墓葬和器物,当是早期城墙的建筑遗迹,但其年代不早于东汉。惟2005年发掘平门一段城墙时有意外发现,出土战国遗址一处、汉代夯土城墙一段、六朝墓葬两座。《平四路垃圾中转站抢救性发掘简报》说:"发现汉代城墙叠压战国时期的黄土层,后经进一步发掘,发现黄土城下有夯窝现象,在黄土层下发现战国时代的器物,其下为生土。"器物为黑皮陶罐,矮直颈,肩有双贯耳,底有三乳足,明显带有战国的时代特征。在其上层出土"一些几何印纹陶片、红褐色夹砂陶片、黑皮软陶及原始瓷片。几何印纹陶中的麻布纹,规整的小窗格纹、小席纹以及黑皮软陶的出现等都是春秋战国时代的特征,这几层人工堆筑的层位应属战国春秋时期"。这一发现固然很重要,但这仅是一个点,应该是远离都城的军事性堡垒,或贵族集团的副食品基地,或居民聚落所在,汉代筑城时利用了这段夯土堆筑。

1989年,苏州博物馆钱公麟在《东南文化》第四、五期合刊上发表《春秋时代吴大城位置新考》,这是第一次综合文献记载和实地考察,对吴大城坐落在今木渎一带的推论。首先,作者对《越绝书》和今本《吴越春秋》的性质作了分析,认同陈桥驿等学者的观点,即今本《吴越春秋》依傍《越绝书》,《越绝书》则是东汉人辑录增补战国人的著作,保留了一些接近吴大城原貌的材料。其次,梳理了《越绝书》关于城郭的记载,认为与"现在的苏州城并非是同城"。其三,推演了《吴郡图经续记》中"流俗或传吴之故都在馆娃宫侧"这句话的延伸意义,"在这一带,如以灵岩山为起点,依顺时针走向次第有金山、何山、狮子山、索山、黄山、横塘、走狗塘、荷花荡、上方山、七子山、尧峰山、清明山、胥口、香山、穹窿山、五峰山,滨太湖,扼要冲,山环水抱,形成一处环状的半封闭式的天然屏障"。其内围长度与《越绝书·外传吴地传》说的"吴郭周六十八里六十步"相吻合。他的结论是,灵岩、姑苏、胥山之间的盆地,土地广阔而平坦,交通便利,可以四达,内受三个制高点的控制,外有天然屏障即郭的保护,很有可能就是吴大城所在。

二十年后,钱公麟的推论得到了验证。2009年,中国社会科学院考古研究所、苏州市考古研究所在这一地区进行考古调查和发掘,证实在木渎一带的山间盆地内,存在着一座春秋时期具有都城性质的大型古城。

木渎春秋大城遗址,正在灵岩山、大焦山、天平山、天池山、五峰山、砚石山、穹窿山、香山、胥山、尧峰山、七子山等山脉所围成的盆地内,总面积约二十四平方公里。考古确认了南北两处城墙、南北两处水门遗迹、部分城内外水系、小城、土墩,以及多处商周时期遗址。这座大城依托自然而建,山水环绕,面积广袤。在城址之外的更大范围内,分布着众多不同规模的聚落和不同等级的墓葬,构成了以都邑为中心的聚落群体。

大城遗址呈不规则状,城墙大致沿盆地边缘分布。南北两道城墙相距约六千七百二十八米,城墙外侧均有城壕,经由水门连通城内外水道。

南城墙在今胥口新峰村一带,坐落胥山和尧峰山间山口的北侧。城墙总体呈东西走向,总长约五百六十米,现存宽度十五至四十五米。西侧有一豁口,两侧城墙分别向南延伸，城墙北侧有城壕，总长约八百五十五米。城壕西侧部分呈南北向，或许由南通向太湖。这些遗存构成"两墙夹一河"的布局。河道内堆积层中，出土有印纹陶片、瓦片、铜镞、原始瓷碗、陶钵、木构件等，使用年代为春秋后期。从布局结构来看，城墙、人类活动面和古河道三种遗存位置相近，走向一致，彼此有着密切的联系，构成一组同时期修建、功能密切相关的遗存，可以初步推断为水门遗迹。

北城墙在五峰山、大焦山之间的山坳中。城墙呈曲尺形，东南侧起自狮子口山下，向西略偏北方向延伸，又折向西，一直向五峰山延伸，总长约一千一百五十米，宽度在二十米至二十六米，高于地面约零点五至三米。城墙外侧（北侧和东侧）分布着一周城壕，城壕与城墙走向一致，平均宽度约十五米，总长约一千零五十米。在城墙堆筑层中出土的陶片、石器等，最晚属战国时期。在城墙叠压的地层中出土云雷印纹陶片，表明这段城墙的建造年代不会早于春秋晚期。

大城的水系，除了南城墙水门遗迹外，在北城墙的两处豁口也发现古河道遗迹，且河道入城后，均沿原有方向继续延伸。在新峰段城墙东南还发现大片自然水面，北侧与城墙平齐，南侧或通向太湖。这一发现，为考察大城选址的自然因素提供了依据。

小城遗址在香山东麓，坐落胥口合丰村的仇家村和下场村两个自然村，故今称合丰小城。小城大致呈抹角长方形，南北长约四百三十米，东西宽约四百六十米，面积约十九万平方米。小城北侧和东侧地面上仍存在部分长条形土墩，应该是城墙的残留，总长约六百米。城墙外侧有宽约十米、深约二米的壕堑环绕。结合以往的考古发掘，推断小城的始建年代，约在西周后期至春秋早期。

大城遗址内，尚存土墩遗址二百三十五处，较集中地分布在五峰、新峰、廖里、合丰等地。土墩形状不一，高度不一。在不少土墩堆积中采集到春秋后期至战国的几何印纹陶片、原始瓷片等，结合南水门河道出土的板瓦残片、木构件等，可认定城内有春秋后期至战国的大型建筑基址。

经考古发掘，发现大量汉墓，部分已作清理。这些墓葬的年代，自西汉早期延续到西汉晚期，有成对并穴合葬。墓葬方向有南北向、东西向，东西向多于南北向，随葬品的陶器，基本组合为壶、罐，也有单独随葬小陶壶的现象。这些汉墓的发现，说明这座古城至西汉晚期仍较繁荣，人口密集，氏族制度完善，还有相当的市场交易频率。

2011年至2014年，中国社会科学院考古研究所、苏州市考古研究所的联合考古队，继续对木渎大城进行考古发掘和调查。据《考古学报》2016年第二期《苏州木渎古城2011—2014年考古报告》介绍，历经数年，对大城的范围、年代、布局、性质等有了更明晰的认识。

大城坐落山间盆地，北侧为灵岩山、大焦山、狮子山、权枪岭、五峰山、博士岭、王马山等组成的"几"字形山地，西侧为穹窿山、香山，南侧为清明山，东侧为尧峰山、凤凰山、七子山、上方山等。城址四围山势陡峭，构成天然屏障，仅能通过五处山口与外界沟通。五处山口，除西北侧的藏书镇山口未进行考古勘探外，其余山口均发现城墙或小型城址等防御设施。在西南侧香山和清明山之间是胥口，胥江由此山口经过，外通太湖，横穿城址，而清明山南麓发现的千年寺小城，正扼此要津；在东南侧清明山和尧峰山之间的山口内侧，即为新峰城墙所在；在东侧越来溪两岸，有吴城、越城夹河相持；在北侧的五峰城墙，则横亘五峰山和权枪岭之间的山口。因此，大城有可能未构筑完整的城墙，而是利用山口构筑防御设施，以周边的山体为天然城墙，从而形成较完备的防御体系。在大城周边发现一定数量的战国遗存，特别是千年寺小城，显示了它在当时的拱卫作用。城外西北隅的善山战国墓，出土器物具有鲜明的楚文化特征，可能与楚灭越有一定关系，同时证明大城在战国晚期仍在延续。大城内遗存分布呈现聚落散居的特点，遗存较集中地分布在五峰、新峰、合丰、廖里四处，而城址的其他区域，则极少发现同时期的遗存。大城内外，发现大量西汉墓葬，至今尚未发现东汉墓葬，这说明西汉时期大城的鼎盛，而大城的沿袭，一直要到西汉晚期。

综上所述，合丰小城乃西周晚期至春秋早期的高等级遗存，则在寿梦之前，那里已有吴人聚落。至寿梦徙都，以此为城邑，即《图经》所谓"吴王寿梦故城在胥湖口"之说。至阖闾时代，出现更大规模的城址，即木渎吴大城。按《越绝书·外传记吴地传》说的"阖庐之时，大霸，筑吴越城。城中有小城二，徙治胥山"，则整个大城呈"西城东郭"格局。许宏《大都无城》引杨宽语："西周初期的东都成周，开创了西面小城连接东面大郭的布局。这种西城东郭的制度，是以西方为上位而东向的'坐西朝东'礼制在都城规划上的反映，后来不但被春秋战国时代中原各诸侯国先后采用，而且也被秦都咸阳和西汉都城长安沿袭下来。"公元前473年，越灭吴。公元前379年,越王翳徙吴,为越国都城。公元前333年,楚灭越。公元前248年,春申君徙封于吴,《史记·春申君列传》说:"因城故吴墟,以自为都邑。"公元前222年,秦王政使王翦平定楚江南地,置会稽郡,《史记正义·黥布列传》说:"时会稽郡所理在吴阖闾城中。"由此直至西汉晚期。也就是说,在胥口、木渎一带的吴国都城,前后持续约六百年。

故都遗迹寻踪

吴大城内的宫室苑囿之建,最早是在寿梦时代。据《吴地记》记载:"夏驾湖,寿梦盛夏乘驾纳凉之处,凿湖池,置苑囿。"洪武《苏州府志》卷二说:"夏驾山,在县西四十里。"夏驾湖亦当在其近处。夏驾者,当指夏禹之所驾临也,并非"盛夏乘驾"。上元县、上虞县亦有夏驾湖,出典在此。其后地名随迁,移指苏州西城下一段运河,正德《姑苏志》卷三十三说:"今城下犹存外濠,有湾亦名夏驾,连运河而水浸广,旧产菱芡。今多堙为民居,其半在城内者为民田,惟二水汇处,犹称旧名。"

阖闾登阼后,既勤政,又节俭。《左传·哀公元年》说:"昔阖庐食不二味,居不重席,室不崇坛,器不彤镂,宫室不观,舟车不饰,衣服财用,择不取费。"然而至其晚年,作风一变,《越绝书·外传记吴地传》说,阖闾"秋冬治城中,春夏治姑苏之台。旦食于纽山,昼游于胥母。射于躯陂,驰于游台,兴乐□越,走犬长洲"。任昉《述异记》卷下说:"木兰川在浔阳江中,多木兰树。昔吴王阖闾植木兰于此,用构宫殿也。"

欈李之战,阖闾阵亡,夫差继位。《国语·楚语下》记蓝尹亹有云:"今吾闻夫差好罢民力以成私好,纵过而翳谏,一夕之宿,台榭陂池必成,六畜玩好必从。"其败越夫椒后,勾践偕大夫范蠡来吴为质臣三年,夫差释怀放归。勾践回国后,一方面发展生产,收揽民心;另一方面阴谋亡吴,《越绝书·内经九术》具体为文种的亡吴九术。九术之一就是"遗之巧匠,使起宫室高台,尽其财,疲其力",勾践称善,"于是作为策楯,婴以白璧,镂以黄金,类龙蛇而行者,乃使大夫种献之于吴"。夫差大喜,"遂受之而起姑胥台,三年聚财,五年乃成,高见二百里,行路之人,道死尸哭"。当时越国运来的木材,堆满了建筑工地附近的河道,木渎之名,即由此而来。夫差建造的宫室园囿，亦远不止姑苏台一处。

姑苏台，亦作姑胥台，阖闾时起造，夫差时更有增筑。《吴郡志》卷八引《吴地记》："吴王阖庐十一年起台于姑苏山，因山为名，西南去国三十五里。夫差复高而饰之。越伐吴，遂见焚。"又云："阖庐十年筑，经五年始成，高三百丈，望见三百里，造曲路以登临。"可见姑苏台起建于公元前505年或前504年。任昉《述异记》卷上夸饰："吴王夫差筑姑苏之台，三年乃成，周旋诘屈，横亘五里，崇饰土木，殚耗人力。宫妓数千人，上别立春宵宫，为长夜之饮，造千石酒钟。夫差作天池，池中造青龙舟，舟中盛陈妓乐，日与西施为水嬉。吴王于宫中作海灵馆、馆娃阁，铜沟玉槛，宫之楹槛，皆珠玉饰之。"《越绝书·外传记地传》记越灭吴后，"徙治姑胥台"。至秦汉时尚存遗制，同书记秦始皇"因奏吴，上姑苏台"。《史记·河渠书》太史公自述："上姑苏，望五湖。"至唐人来游，则已荒芜久了。

姑苏台究竟坐落何处，至少有三说，一说在姑苏山，一说在茶磨屿，一说在胥山。前两说实质一也。《木渎小志》卷一说："姑苏台所在，人言人殊，惟宋崔鶠《姑苏台赋》云：'其东吴城，射台巍巍；其西胥山，九曲之逶。'盖是台本在横山绝顶，于左右望适中，由此西下姑胥，东下楞伽，诸峰峦皆得以姑苏统之。但旧道从西上（自夫差庙登山），宋以后游人多自东来（自百花洲登山），微有不同耳。"台在胥山说，则来得比较合理。《国语·越语下》说："吴王帅其贤良与其重禄，以上姑苏。"韦昭注："姑苏，宫之台也，在吴阊门外，近湖。"台既近湖，则当在胥山。《水经注·沔水》称胥山"下有九折路，南出太湖，阖闾造，以游姑胥之台，以望太湖也"。金友理《太湖备考》卷二也说："由诸书观之，曰'望太湖'，曰'高见三百里'，曰'在县西三十五里'，皆与胥山合，姑苏台当在此山。又《渎上编》载顾龙光《皋峰纪略》云：'峰之尾直抵胥口。'吴王游姑苏之台，正此山也。尧峰麓小紫石山亦名姑苏台，然云高见三百里，则必以皋峰为正。按胥山连皋峰，筑台亦必相属。《洞冥记》所云'横亘五里'也，紫石山无此广袤。"皋峰在胥山东南，实相连也。据说，民国时山顶尚存有石筑基址。顾颉刚《苏州史志笔记补遗》也认为姑苏台应该在胥山一带。

馆娃宫，在灵岩山。娃者，吴俗之称美女也；馆者，止宿也。馆娃即美女所居，或谓藏美之所亦可。相传馆娃宫乃夫差为西施而建，《吴地记》说："东二里有馆娃宫，吴人呼西施作娃，夫差置，今灵岩山是也。"《吴郡图经续记》卷中说："山顶有三池，曰月池，曰研池，曰玩华池，虽旱不竭，其中有水葵甚美，盖吴时所凿也。山上旧传有琴台，又有响屧廊，或曰鸣屧廊，以楩梓藉其地，西子行则有声，故以名云。下有石室，今存，俗传吴王囚范蠡之地。"又有香水溪，任昉《述异记》卷上说："吴故宫亦有香水溪，俗云西施浴处，人呼为脂粉塘。吴王宫人濯妆于此，溪上源至今馨香。古诗云：'安得香水泉，濯郎衣上尘。'"

南宫，在香山一带，今有南宫塘。洪武《苏州府志》卷四十三说："南宫乡，在吴县界，亦吴王离宫。今小院岭南尚有两石门臼，宛然相对，正在断浜尽处。""小院岭"一作小苑岭。《太湖备考》卷十六说："万历己丑，自五月不雨，至七月，太湖胥口去岸数里皆涸，中露一石桥，九洞，上石栏亦有存者；又得石台于土中，特阙其一足，此地于何时沈水底耶（《续吴录》）。按，此疑即吴王故城所谓南宫者。"

长洲苑，为阖闾游猎之场。《太平寰宇记》卷九十七说："长洲苑，在县西南七十里。孟康曰：'以江水洲为苑也。'"《艺文类聚》卷六十六引《吴地记》："长洲在姑苏南、太湖北岸，阖闾所游猎处也。吴先主使徐详至魏，魏太祖谓详曰：'孤愿越横江之津，与孙将军游姑苏之上，猎长洲之苑，吾志足矣。'"长洲苑在太湖北，为水中之洲，其址在今横泾、浦庄一带。唐万岁通天元年析吴县东隅置长洲县，以长洲为名，但非长洲苑故处。

吴宫，在甪直。彭方周《吴郡甫里志》卷十六说："阖闾浦，即阖闾离宫也，在甫里西南，一名合塘，为苏松水路之要津。"陆龟蒙居甫里，有作《问吴宫辞》，小序说："甫里之乡曰吴宫，在长洲苑东南五十里，非夫差所幸之别馆耶？披图籍不见其说，询故老不得其地，其名存，其迹灭，怅然兴怀古之思。"吴宫里有梧桐园，任昉《述异记》卷下说："梧桐园在吴宫，本吴王夫差旧园也，一名鸣琴川。"其址约在甫里塘北的枫庄。"螳螂捕蝉，黄雀在后"的故事就发生在梧桐园里。另外，古诗"梧宫秋，吴王愁"，更是情景交融的名篇。高启依其意，作《梧桐园》咏道："桐花香，桐时冷。生宫园，覆宫井。雨滴夜，风惊秋。凤不来，君王愁。"梧桐园在历史文献里是一个独立的古迹。

宴宫，在石湖东北，与郊台隔水相对。《石湖志》卷二说："相传吴王郊天毕，则率群臣宴会于此，故曰宴宫。今其遗址在新郭市心十六图道字圩，地形坡陀而上，谓之塘北，北塘南特高丈许，广百余亩。今称宴宫里，市人接栋而居矣。"

吴城，在越来溪西横山下。因其平面呈鱼形，讹作吴王养鱼之城。《石湖志》

卷二说："鱼城，在酒城北，越来溪上，相传吴王养鱼处。今田间多有高阜，或断或续，是其遗迹也。"宋元人已指其谬，朱长文《吴郡图经续记》卷下说："盖吴王控越之地，宜为吴城，谓之鱼城，误也。横山之旁，冈势如城郭状，今犹隐隐然。"高德基《平江记事》也说："太伯有国，自号句吴。说者云，句，语辞，吴音也；吴者，虞也。太伯于此，以虞志也。越灭吴，子孙以国为氏，今吴中吴氏甚多，而语音呼鱼为吴，卒以横山下古吴城为鱼城。方言以讹传讹，有如是者。"吴城依山而筑，与石湖之东的越城隔水相持。吴城之绵长当横亘横山至茶磨屿南北，今仅存茶磨屿一段，夯土城墙残高四米有余，绵延三百多米，面积约二万平方米，部分夯实在山坳中，夯层、夯窝清晰。

越城，又称越王城、勾践城，在越来溪东。越伐吴，筑此城屯兵，以逼吴城。《吴郡图经续记》卷下记新郭"或曰越王城亦在焉，盖此地吴越之所控守也"。至南宋时尚雉堞宛然，周必大《乾道壬辰南归录》说："前越王勾践由此攻吴，今号越来溪，溪上筑城，与吴夫差夹溪相持。"城之遗址，东西长约三百米，南北宽约二百米，周长约一公里，整个平面呈椭圆形。残存城墙，南段宽二三十米，高三四米；北段宽三四十米，高四五米。北段均为黄土，可以清晰地看出堆夯剖面，夯土层次则不明显。

酒城，俗称苦酒城，在越来溪西横山下。《太平御览》卷八百六十六引《吴录·地理志》："吴王筑城，以贮醯醢，今俗人呼苦酒城。"醯醢是带汁的肉酱，何以讹为苦酒，则不得解。《吴郡志》卷八引《吴地记》："苦酒城，在鱼城之西南。有故城，长老云筑以酿酒，今俗人呼为苦酒城。"苦酒是醋的别称，然《吴地记》别记有酒醋城，"在胥门西南三里"，若然是酒城，何以讹称苦酒城，则又不得解。抑"苦"乃"古"之误，则高启为是，其有《古酒城》诗云："酒城应与酒泉通，长夜君王在醉中。兵入馆娃犹未醒，越人宜赏骧夫功。"

郊台，在茶磨屿之南，其形如椅，相传为吴王郊祭拜天之处，俗称拜郊台。洪武《苏州府志》卷四十三说："郊台，在横山东麓，下临石湖，坛壝之形俨然。相传吴僭王号时，尝郊祭于此。"今存巨石，方整若印，近人李根源题"郊台"两字。

射台，为吴王习射之台，久失其所在。《越绝书·外传记吴地传》说："射台二，一在华池昌里，一在安阳里。"《吴郡图经续记》卷下说："又有射台亦在横山。"或即其一。任昉《述异记》卷上说："吴王射堂，堂之柱础皆如伏龟，袁宏

《宫赋》曰'海龟之础'是也。"

夫差庙，旧时江浙间皆有之，以在姑苏山东北麓者最著名。《吴地记》说："郭西二里有夫差庙，拆姑苏台造。"陈羽《夫差庙》有"姑苏台畔千年木，刻作夫差庙里神"之咏。庙至民国初年尚存。李根源《吴郡西山访古记》卷一说："渡河左岸，有姑苏庙，在田沟村东端，殿宇卑陋，塑神像奇诞不经，非夫差像。"此姑苏庙即夫差庙。

炙鱼桥，即中和桥，跨南宫塘。今本《吴越春秋·王僚使公子光传》记伍子胥荐专诸于公子光，密谋刺杀吴王僚，专诸问吴王有何嗜好，公子光答："好嗜鱼之炙也。""专诸乃去，从太湖学炙鱼。三月得其味，安坐待公子命之。"徐崧先《香山小志·古迹》说："今炙鱼桥去南宫不半里，俗呼捉鱼桥。"

百花洲，其址不可确考，约在石湖茶磨屿北。杨维桢《游石湖记》说："朝步自鹊桥，过百花洲，登姑苏台。"华钥《吴中胜记》说："岭之南曰大尖墩，登而望之，左田万顷，石湖平洼如掌，僧指旁曲稍远者为百花洲。"或说即是莲塘，即石湖荷花荡。

走狗塘，与荷花荡相接，俗称南塘河。《吴郡图经续记》卷下说："鸡陂墟者，畜鸡之所；豨巷者，畜彘之处；走狗塘者，田猎之地也，皆吴王旧迹。"正德《姑苏志》卷十说："胥口之水，自胥口桥东行九里，转入东西醋坊桥，曰木渎，香水溪在焉。又东入跨塘桥，与越来溪会，曰横塘。由跨塘桥折而南为走狗塘，荷花荡在焉。"

采香泾，又称箭泾，北起灵岩山前香水溪，南接香山嘴河，在津桥附近入胥江。《吴郡志》卷八说："采香泾，在香山之傍小溪也，吴王种香于香山，使美人泛舟于溪以采香。今自灵岩山望之，一水直如矢，故俗又名箭泾。"

香山，在穹窿之南。《吴郡志》卷十五说："香山、胥口相直，吴王种香于此山，遣美人采香焉，傍有山溪名采香径。"其山麓即南宫所在。山北有上园、下园，即大晏岭、小晏岭，相传均为吴王种花处。

校场山，在香山，山无定名，因跨唐墓、蒋墩两村，各就其村名山，又称小娘山，"校场"之音讹也。相传即孙武教宫女习战、斩吴王两宠姬之处，事见《史记·孙子吴起列传》。因孙武其人既不见于先秦典籍，其所论兵又不合春秋制度，且《史记》所记也前后矛盾，故梅圣俞、叶适等对有无孙武其人、《孙子兵法》作于何时，都存有疑问。直到1972年临淄银雀山汉墓出土《孙子兵法》竹简，此事方真相大白，《用间篇》有"燕之兴也，苏秦在齐"诸语，足证此书系战国时人所作。由于《史记》的记载，特别是讲史、说话、戏曲的传播，孙武故事家喻户晓，假古董自然也很多。校场山有吴王庙，又称二妃庙或爱姬祠。屈复《苏州古迹三十九首·吴王庙》题注："庙在香山南址，貌二妃侍侧。相传即孙武所诛二队长也，又曰爱姬祠。"

郑旦墓，在法华山西南黄茅山。徐鬵先《香山小志·坟墓》说："周吴王阖闾妃墓，在黄茅山。道光间先大父芝峰公清明游法华山，得断碣两块，一'郑'字缺其半，一'旦'字完好，笔致古朴，类古篆。《太湖备考》'黄茅山有吴王爱姬墓'，即此。"先秦典籍无郑旦其人，始见《越绝书·外传记地传》，越有美人宫，"勾践所习教美女西施、郑旦宫台也。女出于苎萝山，欲献于吴，自谓东垂僻陋，恐女朴鄙，故近大道居"；《内经九术》说："越乃饰美女西施、郑旦，使大夫种献之于吴王。"所谓郑旦墓，当亦是好事者做的假古董。

胥山，在胥口上。其得名本与伍子胥无关，《水经注·沔水》引虞氏曰："松江北去吴国五十里，江侧有丞、胥二，山各有庙。鲁哀公十三年，越使二大夫畴无馀、讴阳等伐吴，吴人败之，获二大夫，大夫死，故立庙于山上，号曰丞、胥二王也。胥山上今有坛石，长老云，胥神所治也。"由于《史记·伍子胥列传》记子胥死后，"吴人怜之，为立祠于江上，因命曰胥山"，后世皆因循《史记》之说。枚乘《七发》更称其为"伍子之山"。《震泽编》卷一引《洞庭实录》："子胥于此得鱣设诸以见吴王，后隐胥山，故名。"故胥山有庙祭子胥，乾隆《吴县志》卷八十二说："自汉以来，皆祭子胥于此。宋元嘉二年，吴令谢询移庙城中，岁久迷其处。宋乾道间复建是庙。"历代屡修，陈瑚《吴相伍公庙碑记》说："今去郡西三十里，地入太湖，名胥口者，即其处。祠尚存，而祠前古墓，松桧参差，相传以为公葬其下。"所谓子胥墓，即"吴相国伍公鸱夷藏处"，在庙中正殿前，乱石堆叠，上有梓树两株。《史记》记子胥遗言："必树吾墓以梓，令可以为器。"但《左传·哀公十一年》则记曰："树吾墓槚，槚可材也。"应该是楸树而不是梓树。

洞庭两山亦多春秋古迹，《震泽编》卷二举有"故国之墟十"："一曰马城，在神景观西一百余步，吴王阖闾于此筑城养马，下有饮马泉。二曰鹿城，去马城不远，周围五里，墙壁峻险，阖闾于此豢鹿，下有池，水旱自若。三曰马税城，在登高坛南二百步，马税为梁左金吾将军，梁祚，将屯军于此，陈帝伐之，积水溺城，至今存焉。四曰可盘湾，在五女坟东四里，吴王游湖，以险阻为畏，军且不可渡，于此眺望，曰：'此亦可盘桓也。'故名。五曰明月湾，在石公山西二里，有大明湾、小明湾，吴王尝玩月于此。或曰以湖堤环抱如月耳。六曰消夏湾，一名消暑湾，在明月湾西、缥缈峰之南，吴王阖闾避暑于此。湾深九里，口阔三里，其湾多渔而产菱芡，人家百余，咸衣食之。淳祐初，赵节斋于此种柑橘，名千株园。七曰练渎，在鸿鹤山西二里，南入平湖，北通官渎，旧传吴王开以练兵，王充《论衡》曰：'阖闾尝试士于五湖之侧，加刃于肩，血流至地。'盖此地也。或曰以水色如练带耳。以上西洞庭。八曰虎山，《洞庭记》云，吴王于此山筑穿养虎，因名。后避唐讳，曰武山。九曰射鹨山，旁有鸡山，《洞庭记》云，昔吴王于此山筑城养鸡，有鹨下山驱鸡，王令人射之，血滴石，今尚赤。十曰厩里，吴王养马于此。以上东洞庭。"此外，相传西山有吴王水精宫，任昉《述异记》卷上说："阖闾构水精宫，尤极珍怪，皆出自水府。"还有越大夫诸稽郢墓，王维德《林屋民风》卷六说："春秋越大夫诸暨郢墓，在消夏湾诸家河，今名陆家河，傍有诸姓数十家，其子姓也，有石碣尚存。"光绪十三年甪头巡检暴式昭重修，俞樾题碑。东山则有烟火墩，《太湖备考》卷十六说："翠峰之左，有山如屏而耸照者，曰烟火墩，顶筑方土，横阔一丈许，相传吴王所筑以瞭越者，东山遗迹，此为最古。"又据陈玉瑾《七十二峰记》记载，湖上诸峰中，"有传夫差置男女二狱于其地者，曰东狱，曰西狱"，"又有传夫差设粥饲囚处者，曰粥"。另外，光福虎山也相传为吴王养虎处，在此就不一一细说了。

  吴国贵族都实行厚葬，虽然记述有所夸饰，但想来不会全无依据。如任昉《述异记》卷上记阖闾夫人墓，"周回八里，别馆洞房，迤逦相属，漆灯照烂如日月焉。尤异者，金蚕玉燕各千余双"。今本《吴越春秋·阖闾内传》记阖闾小女胜玉墓，"凿池积土，文石为椁，题凑为中，金鼎玉杯，银樽珠襦之宝，皆以送女"。但工程最巨、规模最大的，当然是阖闾自己的墓。相传阖闾墓在虎丘剑池下，《吴地记》说："阖闾葬此山中，发五郡人作冢，铜椁三重，水银灌体，金银为坑。"《吴郡志》卷十六则说："剑池，吴王阖庐葬其下，以扁诸、鱼肠等剑三千殉焉，故以剑名池。葬之三日，有白虎踞其上，故山名虎丘。"《述异记》卷上还记阖闾墓中有石铭曰："吴王之夜室也。呜呼！平吾君王，弃吾之邦，迁于重岗，维岗之阳，吾王之邦。"当然是谁也不知道的事。剑池两崖划开、中涵石泉的幽深景观，传说是秦始皇凿石求剑时形成的，故李岘《剑池》咏道："阖闾葬日劳人力，嬴政穿来役鬼工。"

澄碧尚疑神物在,等闲雷雨起潭中。"

吴大城内外,还有阖庐宫、美女宫、居东城、欐溪城、巫欐城等。环郭至鄙,散置着吴国贵族的庄田和副食品基地,如大畻、胥主畻、野鹿陂、鸭城、豨巷、豆园、鸡陂、鹿陂、鹿园、冰室、酒醋城、储城、麋湖城等。

吴败于越,越败于楚,至春申君黄歇守吴,在吴宫废墟重建殿台。文献记载的个体或群体建筑,有黄堂、桃夏宫等。《太平御览》卷九百二十二引《吴地记》:"春申君都吴宫,因加巧饰。春申死,吏照燕窟失火,遂焚。"《太平寰宇记》卷九十一引《郡国志》:"今太守所居屋,即春申君之子假君之殿也,因子失火故,涂以雌黄,故曰黄堂。"在厅事墙上涂以雌黄,乃辟厌手段,以避火灾。延至后世,天下郡治正厅,皆称黄堂。《越绝书·外传记吴地传》说:"今太守舍者,春申君所造,后壁屋以为桃夏宫。"此外还有"春申君子假君宫"、"吴两仓"、"吴市"、"吴诸里大闬"、"吴狱庭"、"楚门"等,都在这座大城里。难怪司马迁《史记·春申君传》要说:"吾适楚,观春申君故城,宫室盛矣哉。"又,《汉书·朱买臣传》记买臣微时,"好读书,不治产业,常艾薪樵,卖以给食,担束薪,行且诵书。其妻亦负戴相随,数止买臣毋歌讴道中。买臣愈益疾歌,妻羞之,求去"。及买臣拜会稽太守,走马上任,"入吴界,见其故妻、妻夫治道。买臣驻车,呼令后车载其夫妻,到太守舍,置园中,给食之,居一月,妻自经死。买臣乞其夫钱,令葬"。这个故事也发生在那里。

最早的礼制性大城

1990年,钱公麟在《东南文化》第四期发表《论苏州最早建于汉代》,分析了苏州城内外的考古材料,提出今苏州城建于汉代的观点。随着木渎大城的发现,更明确了今苏州城的起建时代,应该不早于西汉晚期。新城既建,旧城可弃,与木渎大城的历史相衔接。

汉代之前,今苏州城内外的高地上就有吴人聚落,留下了他们的生活痕迹。在十全街发现新石器时代的石斧、砺石、几何印纹陶片、黑皮陶片,在大公园、平门、蒋园等均发现几何印纹陶,在葑门内程桥、新苏丝织厂均发现春秋战国青铜器。战国遗存相对较多,如振亚丝织厂汉城墙叠压战国灰坑,建文印刷厂发现战国井,金粉厂发现战国陶豆、陶罐,城外也有战国遗存分布,主要集中在山麓的冲积扇地带,如西塘河遗址,南北长二公里,发现二百余口战国井和大量战国墓。钱公麟认为,"战国时代,聚落开始云集到现苏州城范围一带,其中不仅包含着从西部迁徙过来的聚落,而且原在东南部沿湖河旁分布的聚落也向西北推进,人口的相对集中,无疑对此地的经济发展起着推动作用。应该说,这些聚落的相对集中,便是以后苏州城出现的基础"。经过对城墙遗址的考察,"有些遗址仅因为城濠的出现,使原来一个完整的遗址被切断为城内城外分开的两个部分,这说明战国时期苏州尚未建筑城墙"。

汉代以后,在今苏州城留下的遗址和器物面广量大。就城门来说,相门水门的基础上未发现早于汉代的器物,对基础木材分别取样进行放射性碳素断代测定,结果都是汉代,与同时出土的筒瓦、板瓦、陶片的时代一致。盘门水门内,底部石块的堆积方法,与相门水门的石墙一致,连石材亦相同,均为砂岩,略泛红色。就城墙来说,盘门段城墙发现汉陶片,阊门段城墙发现汉双耳弦纹硬陶罐,平门段城墙发现东汉墓、汉铜斧、铜灯、铜焦斗、铜镜、耳杯、五铢钱,齐门段城墙发现汉陶罐、陶瓮、残铜弩机。各段城墙都发现夯土层,但其年代不早于东汉。当时造城,仍采用春秋时期因地制宜的方法,充分利用原有的高地土墩,稍加平整或增筑,在没有高地土墩相连处,则以版筑而成的夯土墙加以连接。就城内来看,在汉代文化层中发现五铢线、筒瓦、板瓦、卷云纹瓦当、纺轮、釉陶壶罐、厚胎红陶罐,以及饰方格纹、米筛纹、组合纹、填线方格纹、席纹的几何印纹陶器,以道前街、盘门景区、东吴丝织厂三处遗址出土的汉代遗物最为典型,与战国遗址呈零星分布的情况形成鲜明对比。全城数十处发现汉代陶圈井,分布相对密集。这充分说明,苏州城在汉代已初具规模。城外四郊分布着大量汉墓,而城墙边仅发现少量东汉墓,正反映了汉代苏州的城市地位,人口聚集程度提高,城内已成为居民生活中心。

今苏州城究竟建于汉代什么时期,文献记载阙如。根据今苏州城的规制,很有可能建于王莽时代。据《汉书·王莽传》记载,"莽意以为制定则天下自平,故锐思于地里,制礼作乐,讲合《六经》之说"。元始四年,"莽奏起明堂、辟雍、灵台,为学者筑舍万区,作市、常满仓,制度甚盛"。明年,"《诗》之灵台,《书》之作雒,镐京之制,商邑之度,于今复兴"。新莽地皇元年,"遂营长安城南,提封百顷。九月甲申,莽立载行视,亲举筑三下","崔发、张邯说莽曰:'德盛者文缛,宜崇其制度,宣视海内,且令万世之后无以复加也。'莽乃博征天下工匠诸图画,以望法度算,及吏民以义入钱谷作者,骆驿道路,坏彻城西苑中建章、承光、包阳、大台、储元宫及平乐、当路、阳禄馆,凡十余所,取其材瓦,以起九庙"。其中说的"制度甚盛"、"崇其制度"等,反映了王莽的营造理念,也就是遵循《六经》规定的古制。如《周礼·冬官考工记》记载的周朝都城制度,所谓"匠人营国,方九里,旁三门。国中九经九纬,经涂九轨,左祖右社,面朝后市"。虽然春秋时期的宫城、小城有较规整的布局,大城则均呈不规则形,但礼制性城郭制度,乃是复古主义的理想境界。刘敦桢主编《中国古代建筑史》第二章就说:"汉以后有些朝代的都城为了附会古制,在这段规划思想上进行建设,并做出若干新发展。"

今苏州城具有礼制性城郭特征,平面呈矩形,城内规划整齐,子城在中央,城郭兼备,具有中轴线设计理念,里坊统一布置,道路纵横南北东西。如果说这是王莽时代遵循古制的具体实践,在全国应该是最早且最完善的。一般认为,礼制性城郭的出现,要到魏晋南北朝时期,许宏《大都无城》就说:"魏晋南北朝时期,社会动荡,城市经济衰落,此后才进一步复苏。庄园经济和新的等级制度,在都城规划上留下了明显的烙印。对曹魏邺北城、北魏洛阳城、东魏北齐邺南城、隋大兴城和唐长安城等城址的发掘和研究,表明以都城为代表的中国古代城市,至此逐步发展成为布局严谨、中轴对称的封闭式里坊制城市。"而今苏州城建于西汉晚期,比曹魏邺北城早两百多年,并且因为是在平原水网地带白地起造,不受旧城的束缚,故能比较完整地体现礼制性城郭的制度。更重要的是,历经两千多年,苏州城的这种规制基本得以保留,不能不说是中国城市史上的奇迹,它巨大的历史文化价值,也是不言而喻的。

王莽时代的苏州城,今已难以做出全面、准确的描述。今本《吴越春秋·阖闾内传》的记载,既反映了东汉时的现状,同时受王莽复古思想的影响,与春秋后期的故实纠缠一起。如说:"子胥乃使相土尝水,象天法地,造筑大城,周回四十七里。陆门八,以象天八风;水门八,以法地八聪。筑小城,周十里,陵门三。"所谓"象天法地",就是遵循古制,而二八城门,两两相对,应该就是当时的实际情形,暗示着大城中轴线的存在。沿至西晋,左思《吴都赋》咏道:"郛郭周匝,重城结隅。通门二八,水道陆衢。"将整个城市规划说得更清楚了。

在王莽时代营建苏州城时，以遵循古制为原则，形成整个城郭建设的全面规划，应该是将开挖城壕、建造城墙、填平沼泽、筑直河道等同步综合进行。城内河道，纵横布列，与道路并行，《吴都赋》的"水道陆衢"，《吴地记》引作"水道六衢"，"衢"当作途径解。又，张守节《史记正义·春申君列传》卷三说："又大内北渎，四从五横，至今犹存。"应该就是汉唐时代的情形，至晚唐才形成"三横四直"的格局。水城门则不仅是防御和交通的需要，更是调节城内水位的重要设施。就相门和盘门的情形来看，水门向内微拱，与苏州城西高东低的地势相吻合，内设上下门，如遇大水，将进水的水下门关闭，将出水的水上门开启，如遇水荒，则反之。如此则城内水位基本保持稳定，使居民的生活、交通有所保障。

从筒瓦、板瓦、瓦当等的出土数量来看，汉代苏州城内有大量建筑物存在。又从汉墓出土的明器来看，当时房屋都带有足，有四足、六足、八足，反映了当时苏州建筑以干栏式为主，应该大都是临水而筑，沿河分布。汉代地层中未发现砖，至东汉中晚期才出现砖室墓，与梁思成《中国建筑史》第三章说的"汉代用砖实例均见于墓中"相吻合。因此当时建筑，墙用版筑，柱和梁架用木结构。

王莽托古改制，行政建置多改其名。《汉书·王莽传》说："岁复变更，一郡至五易名，而还复其故。吏民不能纪，每下诏书，辄系其故名。"苏州城所在的吴县之改泰德县，即其一也。今苏州城的落成，恰在其时，则地名随迁，更有政策的保证。地名随迁，乃我国地理沿革史上的常见之事，亦为治古史者的常识。新城建成后，旧城的地名随迁新城。迟在东汉兴平年间，阊门的地名就已在今苏州城落实，《兴平中吴中童谣》唱道："黄金车，班兰耳，开阊门，出天子。"苏州市考古研究所张照根编制的《苏州市与木渎、藏书、胥口地名对照表》，为我们了解吴大城与今苏州城的地名关系，提供了可信的材料。

东汉永建四年（129），分会稽郡为两，以浙江（钱塘江）为界，江之东为会稽郡，徙治山阴县，江之西为吴郡，仍治吴县，两郡均隶扬州。然而吴郡之名，西汉初已有，《史记·樊郦滕灌列传》称灌婴"渡江，破吴郡长吴下，得吴守，遂定吴、豫章、会稽郡"。《汉书·高帝纪下》说："韩王信等奏请，以故东阳郡、鄣郡、吴郡五十三县立刘贾为荆王。"何焯《义门读书记》卷十五这样解释："吴郡，本会稽也，当以会稽治吴，故亦得称吴郡。"

在春秋战国的吴大城时代，农耕、水利、蚕桑、冶金、造船、琢玉等均有很大发展，已形成特色经济的格局。《史记·货殖列传》说："夫吴自阖庐、春申、王濞三人招致天下之喜游子弟，东有海盐之饶，章山之铜，三江、五湖之利，亦江东一都会也。"秦灭楚，特别是经历楚汉战争，社会动荡，城市残破，经济发展停滞不前。"楚越之地，地广人希，饭稻羹鱼，或火耕而水耨，果隋蠃蛤，不待贾而足，地埶饶食，无饥馑之患，以故呰窳偷生，无积聚而多贫。是故江、淮以南，无冻饿之人，亦无千金之家。"

汉代徙城以后，今苏州一带的社会经济逐渐恢复，大批土地得到开发，铁器和耕牛的推广，耕作技术的提高，粪肥的使用，使农业生产开创新局面，制陶、冶铜、造船等手工业取得长足进步，市场也有较大发展。《汉书·梅福传》说："至元始中，王莽颛政，福一朝弃妻子，去九江，至今传以为仙。其后，人有见福于会稽者，变名姓，为吴市门卒云。"可见城内的市场已经确立。同时出现了不少世族大家，如东汉吴人陆续、皋弘等，他们除在政治上操控朝柄、主宰州郡外，在经济上拥有大批土地和劳力，以农为主，结合部分手工业、商业的经营，所占社会财富巨大。《抱朴子外编·吴失》说："以毁誉为蚕织，以威福代稼穑。车服则光可以鉴，丰屋则群乌爱止。叱咤迅于雷霆，祸福速于鬼神，势利倾于邦君，储积富乎公室。出饰翟黄之卫从，入游玉根之藻帨。僮仆成军，闭门为市。牛羊掩原隰，田池布千里。""而金玉满堂，妓妾溢房，商贩千艘，腐谷万庾，园囿拟上林，馆第借太极，梁肉余于犬马，积珍溢于帑藏。"这与西汉时的"亦无千金之家"形成鲜明对照。

进入西晋后，吴郡城内建筑壮观，水道陆衢，绿树成荫，商市繁荣，让北方移民和游客叹赏不止。左思《吴都赋》咏道："高闱有阆，洞门方轨。朱阙双立，驰道如砥。树以青槐，亘以绿水。玄荫耽耽，清流亹亹。列寺七里，侠栋阳路。屯营栉比，解署棋布。横塘查下，邑屋隆夸。长干延属，飞甍舛互。""水浮陆行，方舟结驷。唱棹转毂，昧旦永日。开市朝而并纳，横阛阓而流溢。混品物而同廛，并都鄙而为一。士女伫眙，商贾骈坒。纻衣絺服，杂沓傱萃。轻舆按辔以经隧，楼船举帆而过肆。""富中之甿，货殖之选。乘时射利，财丰巨万。竞其区宇，则并疆兼巷；矜其宴居，则珠服玉馔。"阊门则重楼复阁，称一时丽谯，陆机《吴趋行》就咏道："吴趋自有始，请自阊门起。阊门何峨峨，飞阁跨通波。重栾承游极，回轩启曲阿。霭霭庆云被，泠泠祥风过。"

东晋末年，政局动荡，吴郡也受到很大冲击。隆安三年（399），爆发孙恩之乱，三吴八郡皆起而响应，旬日之内，众数十万，郡县兵卒，望风披靡。《晋书·孙恩传》说："吴会承平日久，人不习战，又无器械，故所在多被破亡。诸贼皆烧仓廪，焚邑屋，刊木堙井，虏掠财货，相率聚于会稽。其妇女有婴累不能去者，囊簏盛婴儿投于水，而告之曰：'贺汝先登仙堂，我寻后就汝。'"大乱之后，又遭天灾，《晋书·天文志下》说："元兴元年七月，大饥，人相食。浙江以东流亡十六七，吴郡、吴兴户口减半，又流奔而西者万计。"南朝梁太清二年（549），又爆发侯景之乱，《梁书·侯景传》说："于子悦等既至，破掠吴中，多自调发，逼掠女子，毒虐百姓，吴人莫不怨愤。"数经战争，吴郡遭受极大破坏，今考古发现四围城墙上有大量六朝墓葬，就是这一时期吴郡城池严重摧残、居民大量死亡的实证。

那当时的木渎吴大城呢？弃城已五百多年，一片荒芜萧瑟景象。梁人吴均《吴城赋》咏道："古树荒烟，几百千年，云是吴王所筑，越王所迁。东有铸剑残水，西有舞鹤故廛。萦具区之广泽，带姑苏之远山。仆本蓄怨，千悲亿恨，况复荆棘萧森，丛萝弥蔓。亭梧百尺，皆历地而生枝；阶筠万丈，或至杪而无叶。不见春荷夏蕙，惟闻秋蝉冬蝶。木魅晨走，山鬼夜惊。不知九州四海，乃复有此吴城。"留下了深刻的历史记忆。

吴掘邗沟及其深厚的历史文化背景

——春秋吴国国家战略的演变

吴恩培

摘　要：本文论述了吴夫差十年（前486），吴王夫差为伐齐而开挖"邗沟"的深厚的历史文化背景，这一背景涉及春秋吴国国家战略从"联晋抗楚"到"兴霸成王"再到"北进争霸"的历史演变。正是吴王夫差时的"北进争霸"国家战略指导下的伐齐战争准备，催生并导致了邗沟的开掘。后世，"邗沟"既成为列入《世界遗产名录》的"中国大运河"之一段，更是其历史起点。

关键词：中国大运河　世界遗产名录　邗沟　历史文化背景

春秋末期，吴王夫差十年（前486），吴国处在北进争霸的伐齐战争准备中，最重要的一件事就是开挖邗沟。这就是《左传·哀公九年》记载的"秋，吴城邗沟，通江、淮"。开掘邗沟是吴国为伐齐所做的战争准备。而吴国伐齐，更有着春秋晚期吴国国家战略演变这一深刻的历史背景。

一、十九世吴王寿梦前，晋、楚争霸中的吴国为楚国属国

春秋时期，黄河流域中原地区的老牌霸主晋国与长江流域"蛮夷"地区的新兴霸主楚国，相继组织起各为盟主的军事集团。这两大集团不断发生冲突，构成

了春秋时期列国关系的主导矛盾,这就是有学者所指出的"晋楚两国的历史是一部《春秋》的中坚"(童书业《春秋史》)。

在晋、楚争霸的大环境下,十九世吴王寿梦执政前的吴国只是楚国的属国。《左传·宣公八年》载,鲁宣公八年(前601)"夏,楚为众舒叛故,伐舒蓼灭之。楚子疆之,及滑汭,盟吴、越而还"。意即是年(前601)夏,楚国因为众舒背叛的缘故,攻打舒、蓼这两个小国,并把它们给灭了。楚庄王给他们划定疆界在到达滑水拐弯的地方,接着和吴国、越国结盟就回去了。"盟吴、越而还"的记载,使得长江下游的吴、越两国同时在《左传》中出现。晋杜预《春秋经传集解》释此句说:"《传》言楚强,吴、越服从。"指出吴、越两国在《左传》出现时,都是以听命于楚的属国身份出现的。

二、十九世吴王寿梦执政时期,晋国实施"联吴制楚"战略的同时为吴国划设只能西攻与楚争夺,不得北进侵犯中原的红线

在晋、楚争霸处于战略对峙时,楚国大臣申公巫臣,因个人情感原因终带着因绯闻而致丧子、灭国的郑穆公之女——夏姬,辗转到了晋国,"晋人使为邢大夫"(《左传·成公二年》),即晋国任命申公巫臣担任邢地的大夫。这使楚国最有实权的两位大臣——与申公巫臣有宿怨的令尹子重及亦贪恋夏姬美色的司马子反极为仇恨和忌妒。他们杀死了申公巫臣在楚国的族人并瓜分了他们的家产。面对族人在楚国的遭遇,申公巫臣愤怒至极。他从晋国写信给子重、子反,咬牙切齿地谴责并发誓报仇。接着,他向晋侯提出"请使于吴"(《左传·成公七年》),即提出出使吴国的请求。时任晋国国君的晋景公和晋国正卿(首相)栾书意识到申公巫臣的个人复仇意愿与晋国欲破坏吴、楚联盟,进而拉拢、扶植吴国,联吴而制楚的整个战略谋划暗相契合了。于是《左传·成公七年》记载"晋侯许之"。而到了下年《左传·成公八年》的记载中,则已变成"晋侯使申公巫臣如吴"。由此可见,申公巫臣个人复仇的主动行为,已上升为晋国"联吴制楚"的国家战略。对晋国推行战略,"吴子寿梦说之"(《左传·成公七年》),即吴王寿梦非常高兴,反应非常积极。吴寿梦二年(前584),申公巫臣带着三十辆兵车来到吴国,从而既为吴国带来了中原地区的先进军事装备和军事战术思想,更带

来了"教之叛楚"(《左传·成公八年》)即唆使吴国摆脱楚国羁绊的战略思维。随即,吴、楚间的联盟关系瓦解。同年的《春秋经·成公七年》明确记载"吴入州来",即吴国开始了与楚国的战争。

在"晋侯使申公巫臣如吴"的同年(即吴寿梦二年,前584),吴王寿梦所做的另一件事为"吴伐郯"(《春秋经·成公七年》)即吴国北上,进行了讨伐鲁国属国——郯国的战争。战争的结果迫使郯国向吴国求和并顺服吴国。对吴国在此战中表现出的综合国力,鲁国朝野莫不震惊异常。鲁国正卿(首相)季文子做出强烈反应并大声疾呼:"中国不振旅,蛮夷入伐……吾亡无日矣!"(《左传·成公七年》)意思说,中原各国不整顿军队,以致现在蛮夷国家都在向中原国家进攻了,我们不久就要灭亡了。此处的"中国不振旅,蛮夷入伐",乃是吴入春秋后,中原国家第一次称其为"蛮夷",且是作为"中国"(中原国家)对立面的"蛮夷"。关于"吴伐郯"的原因,可能是晋、楚争霸政治格局下代理人战争的延续,也可能是吴国为打通与中原国家的联系通道。对此,童书业《春秋左传研究》指出:"伐郯之役,盖欲启通晋之道,与'上国'之盟会,非欲侵犯中原也。"按此,则"吴伐郯"乃是吴国欲与中原国家加强联系的自身需求——"欲启通晋之道"。显然,寿梦执政下的吴国,对联结中原地区的"通晋之道",极为在意,亦极为重视。吴国内部或已孕育着欲与中原国家加强联系的内在动因。故晋国推行"联吴制楚"战略时吴王寿梦即做出积极反应,或也说明了吴国的这一战略需求。然而,吴国北进不仅引发晋国的重要盟国——鲁国的惊恐,同时也引发晋国做出反应。就在"吴伐郯"次年(即吴寿梦三年,前583),晋国纠集齐国、鲁国、邾国等共同攻打郯国。其原因即是郯国"以其事吴故"(《左传·成公八年》),即因郯国顺服了吴国的缘故。如前文述,上年晋国刚刚遣申公巫臣来吴国并教唆吴国脱离楚国集团,次年就发动针对吴国的战争。这表明极具战略眼光的晋国,在诱导、鼓励吴国与楚争夺的同时,也为吴国划设了一条军事红线——不得北进威胁、侵犯晋国集团的势力范围。其后的历史证明:晋国这一战略目的,基本获得成功。从寿梦到阖闾,吴国多位吴王执政时,一直西进而与楚国杀伐,但对北方晋国集团的诸国,却未有侵犯。只是到夫差执政而吴国有实力与晋国争夺霸主地位时,这一状况才有所改变。而也正是在这一背景下,为应晋国的"联吴制楚"战略,吴王寿梦制定了"联晋抗楚"的国家战略。

三、从"联晋抗楚"到"兴霸成王":吴国国家战略的调整与转型

十九世吴王寿梦后,相继接位的二十世吴王诸樊、二十一世吴王馀祭均忠实执行吴王寿梦制定的"联晋抗楚"的国家战略,并相继西进伐楚和南进伐越,并为之相继付出生命代价。这就是文献记载的下列史实:吴诸樊十三年(前548),吴王诸樊伐楚并战死,《春秋经·襄公二十五年》记载为"吴子遏(即诸樊)伐楚,门于巢,卒"。其后,接位的其弟吴王馀祭,于吴馀祭四年(前544)吴国攻打楚国盟国——越国的战争中,取胜并让俘获的越国战俘看守船只。当吴王馀祭去查看这些船只时,被越国俘虏用刀砍死。《春秋经·襄公二十九年》对之记载为:"阍弑吴子馀祭。"

在吴王馀祭执政次年的吴馀祭二年(前546),晋、楚两大集团再次举行列国"弭兵"盟会(史称"蒙门之盟"或"向戌弭兵"),达成除齐国、秦国以外的原属两大集团的小国奉晋、楚为共同霸主,同时承担对晋、楚两国朝见、纳贡的政治、经济义务。这一时期,吴国在晋国集团中已被边缘化,故尽管吴国与该盟会有着极大的利害关系,但被排除在外。因此,第二次"弭兵"盟会对并未与会的吴国来说,其政治地位成了既不朝晋又不朝楚,即既非晋国集团成员亦非楚国集团成员的被边缘化的特殊地位国家。因此,第二次"弭兵"盟会是春秋晋、楚争霸历史的一个拐点,自此以后,晋、楚无有大战,从而标志着晋、楚争霸的基本结束。同时,它也是吴、楚东南争夺的历史拐点,它以盟约形式使得楚国北进受阻及迫使楚国军事进击方向转向东扩,故必不可避免地与吴国的争夺变得加剧。同时,它使这一时期吴国"联晋抗楚"国家战略的"联晋"失去支点。

在其后的吴王馀眛、吴王僚分别与楚灵王、楚平王的争夺对抗中,吴王馀眛分别取得吴、楚棘栎麻之战(吴馀眛六年,前538)、鹊岸之战(吴馀眛七年,前537)、房锺之战(吴馀眛八年,前536年)及豫章之战(吴馀眛十五年,前529)的连续胜利,从而引发楚灵王自杀、楚平王上台的政治后果。而楚国政局的剧变及其对吴战争的再次失败,立即改变列国力量的对比。第二次列国"弭兵"盟会后确立的晋、楚共霸局面,随着此消彼长,晋国也意欲显示出权威和力量来。吴馀眛十五年(前529),晋

国借落成虒祁宫欲显示权威和力量,并重建晋国集团。但当晋国欲举行平丘盟会,且晋侯晋昭公到离吴国并不远的良地会见吴王时,"水道不可,吴子辞"(《左传·昭公十三年》),即吴王馀眜以水路不通的托词而婉拒。吴国拒绝参与晋国重建集团联盟的邀请,无疑是对吴王寿梦制定且为其后吴王诸樊、馀祭所承继的"联晋抗楚"国家战略的重大调整。而在馀眜后的吴王僚时期,吴国又分别取得吴、楚长岸之战(吴王僚二年,前525)、鸡父之战(吴王僚八年,前519)及吴"灭巢及锺离"之战(《史记》记为"争桑"之战,时吴王僚九年,前518)的连续胜利并创造了任内对楚战争无一败绩的战绩。而吴国"联晋抗楚"国家战略在吴王馀眜、吴王僚时进入相应的调整时期,其意义即在于,它为吴王阖闾时期的吴国国家战略一变为"兴霸成王"积蓄了力量并留下了转型的空间。

吴王僚十一年(前516),楚平王去世。次年(前515),吴王僚"因楚丧而伐之"(《左传·昭公二十七年》),而发动"伐楚丧",为吴公子光策划及伍子胥一线指挥的"专诸刺王僚"提供空间。随着吴公子光成为二十四世吴王阖闾,他在与伍子胥"与谋国政"的谈话中,提出了"寡人欲强国霸王"(《吴越春秋》卷四)的国家战略。其时,伍子胥据之表述为"兴霸成王"。吴国国家战略转型为"兴霸成王"后,内政方面吴国在吴都造筑城墙,选贤任能,振军经武;外交方面,相继与唐、蔡结盟,并与宋、蔡、胡国建立政治联姻;军事方面,一方面加强军备而开掘从太湖通往长江的胥溪,另一方面于吴阖闾三年(前512),听从伍子胥"疲楚"之策,并在淮河流域地区的潜邑(今安徽潜山)、六邑(今安徽六安)地区实施并取胜。《吴越春秋》将此战称为吴、楚"潜、六之役"(《吴越春秋》卷四)。在进行上述"兴霸成王"的强国措施后,吴阖闾九年(前506),吴军从太湖经胥溪进入长江,长途奔袭楚国,并在被学者们称为是"东周时期第一个大战争"(范文澜《中国通史》第一册)的柏举之战中,击败楚军后攻入楚国国都——郢都。其后,吴军在秦、楚联军攻击下,于吴阖闾十年(前505)从楚国撤军返归。但在次年(前504),吴国又发动伐楚"取番"之战。此战,吴军统帅《左传》作"大子终累"(《左传·定公六年》),《史记·吴太伯世家》作"太子夫差"。吴军取胜并在进行战术佯动后,争取了时间后以为吴伐楚时死于中原地区的阖闾夫人——宋景公之妹"勾敔夫人"在番地(今固始)举行葬礼。这一时期的吴国,事实上已开始了以外交形式的北进,但因吴伐楚时,越国牵制吴国伐楚而偷袭吴都,故返归后,吴王阖间为此耿耿于怀了九年。吴阖闾十九年（前496），吴王阖闾终等来了越王允常去世的消息。故吴军"乃兴师伐越"。（《史记·越王句践世家》）但在伐越的槜李之战中，阖闾负伤身死，吴国王位传于二十五世吴王夫差。

四、二十五世吴王夫差时期，吴王夫差"大志于齐"下的"北进争霸"

为了为阖闾复仇，吴夫差二年（前494），吴王夫差在太湖中的夫椒击败越军，乘势攻打越国。吴军兵临越都城下，越王勾践退守会稽山。在"灭越"与"存越"问题上，吴王夫差与伍子胥发生歧见。而吴王夫差"孤将有大志于齐，吾将许越成"（《国语·吴语》），即我将有大的志向在于齐国，故我将同意越人的讲和请求。清晰表明吴王夫差拟将吴国"兴霸成王"的国家战略作重大调整，并定位于"北进争霸"上。这一时期，原晋国集团彻底分裂并产生出以齐国为首，郑、卫、鲁、宋等国参与的反晋集团。且在这一中原列国剧变中，春秋晚期齐国的政治强人齐景公不但表现极为活跃，且有着重新恢复齐桓公霸业并建立以齐国为首的反晋集团的政治意图和抱负。

吴夫差六年（前490）秋天，齐景公执政58年后死去。去世前，齐景公让齐国世袭贵族高、国二氏拥立公子荼为太子。故齐景公死后，公子荼接位，齐景公其余的儿子分别逃往卫、鲁等国。其中，公子阳生逃奔到了鲁国。公子阳生逃鲁后，鲁国正卿季康子把其妹季姬嫁给了他。

吴夫差七年（前489），齐国另两家卿族——陈氏和鲍氏，容忍不了高氏、国氏对王室的控制，于是发动军事政变，将高、国二氏拥立的公子荼赶下台，接着迎立在鲁国的公子阳生为齐国国君，是为齐悼公。齐悼公上台，将公子荼废黜并迁往赖地，后又将其杀死。齐国的内部权力争斗削弱了齐国争霸中原的力量，从而成为吴王夫差决定北上的重要诱因。同年（指吴夫差七年，前489），楚昭王死于军事对峙的前线。随着楚国的退兵和前述的齐国内部王位争夺，种种诱因叠加下的吴王夫差开始实施吴国的北进争霸战略，从而实质性地冲破了吴王寿梦时晋国等中原国家为吴国划设的不得北进侵犯中原的军事红线。

吴夫差八年（前488）前后，吴王夫差以"吴来徵百牢"（《左传·哀公七年》）的文化挑战方式，先后窘迫宋、鲁等爵位、地位均高贵的中原国家，并于本年夏天与鲁国君的鄫城会晤中迫使鲁国承认将邾国划入了吴国的势力范围。秋天时,鲁国正卿季康子悔约而对邾国轻率动武,从而形成了吴、鲁军事对抗的局面。上述,即《春秋经·哀公七年》记载的"夏,公会吴于鄫。秋,公伐邾"(《春秋经·哀公七年》)。

吴夫差九年(前487),吴国伐鲁,并在鲁国国都的莱门城下,逼迫鲁国签订被鲁国大夫称为是"弃国"的"城下之盟"(《左传·哀公八年》),从而把鲁国圈入了吴国势力范围,使之成为吴国属国。同年,齐悼公派人来鲁国迎接季姬。然而,在公子阳生离开鲁国到齐国争夺王位的这段时期,季姬与"季鲂侯通焉,女言其情,弗敢与也"(《左传·哀公八年》),即季姬的叔父季鲂侯和她私通,故在齐国来人迎接季姬时,季姬向哥哥季康子讲出了私通的情况。于是,季康子不敢把她送给齐国派来的迎亲使团。鲁国不把季姬送给齐国迎亲使团,这一有悖常理及常情的做法,终使得季姬的风化丑闻为齐悼公知晓。于是"齐侯怒。夏,五月,齐鲍牧帅师伐我,取讙及阐"(《左传·哀公八年》)。即齐悼公非常愤怒,于是在本年夏五月,派遣鲍牧率师伐鲁,占取了鲁国讙邑和阐邑。其时,齐悼公显然了解上年吴、鲁已有盟约且鲁为吴之属国的情况,为避免与吴国之间发生误判,同时也给鲁国施加更大压力,"齐侯使如吴请师"(《左传·哀公八年》),即齐悼公派人给吴国打招呼,并请求吴国发兵,相约共同攻打鲁国。

就在齐国约吴攻鲁的当年,齐、鲁争端又发生变数。秋天时,鲁国与齐国媾和。九月,鲁国派臧宾如到齐国去出席换约仪式,齐国也派了闾丘明到鲁国来出席换约仪式,同时把那位夫人季姬迎回齐国。齐悼公迎回季姬后,甚是宠爱她。齐国和鲁国的关系,就像齐悼公和季姬这对夫妻一样,一会闹崩,一会和好。于是到了下年的吴夫差十年(前486),"齐侯使公孟绰辞师于吴"(《左传·哀公九年》),即齐悼公派了公孟绰出使吴国,撤销此前要吴国出兵攻打鲁国的请求。然而,这对吴王夫差来说,产生的是一种被齐悼公耍弄了的感觉。对一个曾经西压强楚、南服越国,不久前又令鲁国签城下之盟的吴国来说,吴王夫差不能不要个说法。此时,虽说吴国并未出兵,但吴王夫差阴沉的口气早已掩饰不住内心的愤懑了:"昔岁寡人闻命,今又革之,不知所从,将进受命于君。"(《左传·哀公九年》)意谓吴王夫差说:"去年,寡人听从了齐君要我们出兵伐鲁的命令,现在又改变了,不知应该听从什么。寡人打算进见贵国的大王,当面听听他的命令。"吴王夫差的话中,透逸着霸气,更流露出要找齐王当面讨个说法的念头。随着吴国以盟约形式先后将邾国、鲁国划进吴国在北方构建的势力范围,吴国再次北进需要理由和口实。而齐国先是约吴国攻打鲁国,后又是予以撤销,恰为吴王提供了讨个说法的借口。当吴王夫差精明地把这一情势顺势转化为吴国对齐战争的口实时,吴国开始了北上伐齐的战争准备。

吴夫差十年,鲁哀公九年(前486),吴国在北进争霸伐齐的战争准备中,开挖邗沟。这就是《左传·哀公九年》记载的"秋,吴城邗沟,通江、淮"。显然,吴国开掘邗沟,是为伐齐所做的军事战备行为。然而,这一作为却是在中国第一次把两条东西流向的天然河流——长江与淮河,以邗沟这一南北走向的人工运河连接了起来;同时,也把长江流域和淮河流域这两大经济区域联系了起来。其对后世南北经济的发展和南北文化的交融起到了积极的影响。到了隋代,隋炀帝开凿京杭大运河时,其中段便是利用了这条邗沟。

上述《左传·哀公九年》所记载的不起眼的八个字,在文化上意义更是深远。先秦时期的重要典籍,几乎都予以记载。邗沟在一些地理类的古籍中又称为渠水、韩江、邗溟沟、中渎水。郦道元《水经注·淮水》对之记述为"县有中渎水,首受江于广陵郡之江都县",即是。

吴夫差十年(前486),吴王夫差开挖邗沟,并经《左传·哀公九年》记载,使之成为其后"中国大运河"确凿的历史起点。邗沟及其在后世的延伸与演变,导致相继出现了"大运河"、"京杭大运河"乃至"中国大运河"等称呼。然而,从"沟"到"中国大运河",不管称呼上如何变化,吴王夫差开挖的邗沟及其年代始终成为"中国大运河"不变的历史起点——距今两千五百多年。

2014年6月22日,在卡塔尔多哈举行的联合国教科文组织第三十八届世界遗产委员会会议上,"中国大运河"被批准列入《世界遗产名录》,成为我国第三十二处世界文化遗产和第四十六处世界遗产。

外来家族与吴地文化

朱春阳

吴文化是中华文化的重要渊源之一,既有优秀文化传统的共性,又有鲜明的个性和特色,一直受到研究者的关注。尤其是近三十年来,对吴文化的研究形成了热潮,论著迭出,成果丰硕,蔚为大观。进入21世纪后,这种研究愈加深化,而且遍及各个门类。其间苏州市泰伯文化研究会的成立,更是将吴文化研究推向了新的高度。

吴文化是一种地域文化,它的创造与发展,固然离不开本土人的贡献,但是外来人士所起的作用也不容小看。由于苏州具有历史文化、地理环境等优势,自古就是外地移民的首选之地。例如宋代在吴任职的官员富严、卢革、程师道等,因为喜爱吴中风土,退休后都未回家乡,而是选择在苏州定居终老,后来子孙繁衍,就成了吴中家族。而吴文化兼容并包的特点又将苏州变成开放的竞争平台,吸引了无数外来人才。沧浪亭五百名贤祠里半为外地人,就是明显的例证。查民国《吴县志·流寓》卷,外来名流有谯国戴逵父子、钱塘贺铸、竟陵陆羽、余杭罗隐、铜山苏舜钦、仙居柯九思、连江郑思肖、无锡倪瓒、山阴杨维祯、大兴刘献廷、秀水朱彝尊、嘉定钱大昕、金坛段玉裁、德清俞樾等,都是卓有建树的精英。常说苏州"自古人文荟萃,号称东南文物之邦",则外来人才融入的因素绝不可忽略。还有在历史动荡时期,大批外来家族的入迁也值得注意——这里说明一下,"家族"一词的本意是指以血缘关系为基础而结成的社会单位,包括同一血统的后代人,但本文所说的家族偏指名门望族,至少也是夙负声望的家族。这些家族有的是簪缨世族,有较高的文化素养,有的是财主,有雄厚的经济实力,也有的本是寒微小户,入吴后或因子孙经商而富,或入仕而显,遂成新兴的大族。他们的入迁,对吴地社会及其文化必然会产生程度不同的影响,这是很值得研究的课题。但就吴文化与外来家族之间关系的探讨而言,目前仍有较大的空间,本文即以外来家族为切入点,梳理一下他们在不同历史时期对吴文化的影响,以期抛砖引玉。

一、泰伯奔吴——东南文明的开启

史载三千年前的商末,有一批周人来到太湖北岸定居,即"泰伯奔吴"。那时太湖流域属于九州之一的扬州,《续文献通考补》卷三十六引朱奇龄语云:"《禹贡》扬州之域,天文斗分野,周泰伯仲雍始居之地,武王封仲雍曾孙于此,为吴国。"泰伯,又称太伯,姬姓,是周部落首领古公亶父的长子,其弟依次为仲雍和季历。亶父欲传位于季历及其子姬昌,太伯和仲雍为避让季历,南奔荆蛮,建立"勾吴"。泰伯被推为吴国第一代君主,也是东吴文化的宗祖。

关于周人奔吴,历来学界说法不一,吴恩培在《商末泰伯南奔与立国勾吴》中对泰伯、仲雍所奔地望的争议作了全面梳理,主要有下列几说:东吴——苏、锡、常地区说;东吴——宁、镇地区说;封吴——"封其元子太伯于东吴"说;西吴——陕西宝鸡;先陕西——西吴,后江苏——东吴说;北吴——山西平陆说;徐中舒"太伯仲雍逃之荆蛮者,或二人所至即江汉流域,其后或因楚之兴盛,再由江、汉而东徙于吴"说。诸说均有论著发表。关于东吴说,武进王岳群在《太伯、仲雍奔荆蛮地望考》中有新的说法,他根据佘城遗址的考古报告,认为花山、佘城遗址的情况与《吴越春秋·吴太伯传》的记载基本吻合,加之考虑江阴文物古迹众多的特点,提出地望在今江苏江阴(《东南文化》2003年第三期)。然而南京大学戴宁汝根据近年太湖地区考古新资料的积累,认为太湖地区同时代文化是吴国文化,太湖地区应是吴文化的发源地。

不可否认的是,泰伯奔吴促进了整个东南地区的兴起。《史记·吴太伯世家》说:"太伯之奔荆蛮,自号勾吴。荆蛮义之,从而归之者千余家,立为吴太伯。""荆蛮"也称荆越,自夏封无余于会稽,建立越国,这里就是越的领地。商汤灭夏,越国解体,越人流散为若干部落。勾吴建立,始成为长江下游、太湖流域的第一个城邦国。以当时情势而论，周人奔吴不可能只是泰伯、仲雍昆仲，必有族人、部曲相随，形成合力，方能辗转数千里，在越人地区立足，并开吴立国。因此也可以说，这一行动实际上是周族的一支，在商末特定条件下的一次移民。

泰伯奔吴，带来了周文化。周文化具有开创性和务实性。夏末周族失国，公刘、亶父先后在异地重建部落国；到犬戎入侵，亶父为保存实力，没有硬拼，而是避地周原重建家园。到了他的第三四代，终于推翻殷商，建立了周王朝。周族自称后稷之后，重视礼制，对祭祀、婚丧、建筑、教育、服饰、饮食，甚至日常起居都作了规定，体现了中原文明。这种文化就与当地"断发文身"的荆蛮文化发生了碰撞，后经仲雍入乡随俗的调和，两种文化逐渐融合，形成了最初的吴文化。

周人还带来了青铜文化，这在吴国后期表现得尤为明显。刘晓臻在《〈吴越春秋〉中的剑文化》中认为，《吴越春秋》在书写吴越地区历史的同时对剑这种武器的制造、使用等相关内容做了大量记载。这些内容形成了一种独特的文化现象——剑文化。通过剑文化这个独特的视角，可以了解春秋时期吴越地区造剑之术、相剑之术以及用剑之术，而且还可以更深刻地考察本地区的文化、思想、生活状态等诸多方面（《湖北经济学院学报》人文社会科学版2008年第三期）。近年苏州博物馆展出的吴王馀眛剑，是吴国王室兵礼器的典型代表。这柄吴王馀眛剑，长五十七点五厘米，宽四点八厘米，一字窄格，圆首、圆茎带箍，宽斜从，中部起脊，双刃弧曲，有束腰。保存基本完好。最为珍奇的是，其上铸有两行铭文，每行三十七八字，共七十五字，且铭文完好无缺，是目前所见剑类兵器中铭文最多的一柄，可谓是集兵器、礼器于一体的罕见珍品。由于吴王馀眛剑身所铸铭文的内容涉及寿梦、馀祭、馀眛三位吴王，还有伐麻、伐荆楚、伐越等三场战役的内容，也涉及吴国王位继承的兄终弟及之制。还有"姑雠"一词，第一次出现在铭文中，其含义目前尚未研究清楚，但其读音和"姑苏"有很大的相似度，研究者多以为是姑苏的早期写法。因此，这柄馀眛剑具有很高的展示、研究和文献价值。可以说，青铜文化构成了那个时代吴文化的核心，剑的制作精良也在一定程度上说明地方发展的整体实力，显示出泰伯奔吴后东南地区的崛起。

吴国是在寿梦时代方始日益强大的。寿梦继位后，去洛阳朝觐了周简王，访问了楚国，又会见了鲁成公，在这过程中，他见识了先进的中原文明，决心改变吴国的落后面貌。这时他得到了晋国的帮助。晋为联吴反楚，派巫臣入吴，教授军事技术。寿梦又聘巫臣之子狐庸为行人,后任国相。在寿梦时代,吴军战无不胜,国用饶足,应该说,其中也有巫臣父子的功劳。

春秋战国,王纲解纽,诸侯争霸,各国都重视延揽人才,寿梦、阖闾都曾设馆招贤。在吴王阖闾时代,著名的外来人才有楚人伍子胥和齐人孙武。他们的事迹广为人知,兹不赘述。在伍子胥的辅佐下,吴国"筑城郭,设守备,实仓廪,治兵库"(《吴越春秋》卷四),大大提升了军事实力,孙武则以军事谋略受知于阖闾,传称他被用为将,参加了伐楚之战。后来西破强楚,成就了阖闾在南方的霸业,到夫差时代,败越于夫椒,争霸于黄池,吴国的国力达到了鼎盛。

吴国末期,又有澹台灭明来吴讲学。澹台灭明,字子羽,鲁国武城人。他是孔门弟子,讲授的是儒学,据说从学者有三百多人。他是在吴地传布孔子学说的第一人,比"道启东南"的"南方夫子"言偃来得早。虽然在尚武的吴国,文化教育排不上号,当时儒学也不吃香,但他首开讲学之风,功不可没。

二、外来家族与吴地文化的碰撞和融和

战国初期,越灭吴。吴越同源,文化差异不大。一百多年后,楚灭越,将吴地纳入版图,吴楚近邻,早有文化交流,因此影响也不太大。到公元前221年,秦朝一统,实行"书同文,车同轨,行同伦",推行以秦文化为主体的文化秩序,对地方文化的影响就大了。汉兴后,由于武帝"罢黜百家,独尊儒术",儒家学说上升为帝国的指导思想,吴文化也因主流文化的强势介入而产生流变,主要是接纳了儒家文化。最明显的是,因为孔子曾赞扬泰伯"三让天下"为"至德",而吴王寿梦之子季札也有三让王位的高风,吴文化遂被认为是"礼让文化"的典范,受到了历代的称颂。这个文化背景很重要,《清嘉录》顾承序说:"吾吴古称荆蛮,自泰伯、仲雍以来,变其旧俗,为声名文物之邦,陆士衡所云'土风清且嘉者'。"这是外族入迁的重要原因之一。

汉代以后中国历史上发生了三次大规模的北人南迁。其一是东、西晋之交,五胡直入中原,晋室倾覆。司马氏余脉渡江复国于建康,偏安江南,荆、扬、江、湘、广诸州,赖以得全。北方人民不堪异族统治,相率渡江避难。这是第一次大规模北人南迁。其二是在唐朝的中期及唐末。安史之乱起,中原沦为战场,北方人民为

避战乱,纷纷南迁。最后一次发生在"靖康之变"和元灭南宋期间,随着赵构政权的南移,北宋汴京皇族、贵族、官僚、富商、平民也纷纷追随,其中一部分迁入了苏州。汴梁家族的入迁,增强了开发的实力,他们与本地家族一起,促进了地方的繁荣和发展,因此苏州地区迎来了农耕社会的空前兴盛,"苏湖熟,天下足"之说即形成于这个时期。

北族南迁,首先遇到的问题是地域文化差异,如方言、生活习惯的不同等。据《吴郡志》卷二十记载,东晋王导,出自山东琅琊巨族,入吴为丞相,为拉拢地方势力,宴请吴中大族陆玩。席上进北方冷食羊酪,陆玩吃得发了胃病,写信给王导说:"仆虽吴人,几为伧鬼。""伧"是吴人对北方人的蔑称,正如北方人称本地人为"吴蛮"。王家欲与陆家通婚,也遭陆玩婉拒。可见轸域之见一时难消。另外,外地家族入迁,还会与本地家族发生地位、资源的争夺。如晋卫尉石崇仗势侵占吴西大片土地,与当地地主家族结了怨,他死后葬在"吴县西六里"(《吴郡志》卷三十九引《吴地记》),当地不为立祠,只有民间迷信他能镇鬼,在黄埭盖了个不伦不类的"石崇大王庙",士绅犹斥之为"淫祠"。但从总体来说,因为双方有共同的基础,那就是对居于主流的儒家文化一致认同,这种矛盾便退居其次,尤其是外来家族经过一定时间的磨合,融入了当地社会,下几代就成为乐从吴地时令节俗、说一口吴侬软语的苏州人,那就不存在地区隔阂了。

其实无论是本地大族还是外来家族,他们都处于社会上层,是农耕社会的中坚力量,礼法制度的维护者,故对作为礼制象征的泰伯非常崇敬。在此背景下泰伯祠得以修建。泰伯庙原由太守麋豹建于东汉永兴二年(156),地点在阊门外。后梁乾化四年(914),吴越钱氏移建于现在的阊门内下塘街,自后泰伯祠堂在各地广泛修建,仅以苏州为例,《至德志》卷三说:"吾州之祠有三,一在郡学讲堂东偏,淳熙中郡守张孝贲建;一在通吴门铁冶巷;一在天庆观东,晋陵令赵彦櫹建。"此外,"吴恭孝王庙在东洞庭之白沙山,祀吴仲雍"。

诸多祠堂的修建及礼仪的倡导与地方家族有着紧密的联系。自汉末孙吴至魏晋时期,苏州一带逐渐形成了以顾、陆、朱、张为代表的"吴郡四姓八族",这些家族不仅带来了先进的生产技术,且开创了浓厚的儒学之风。在"吴郡四姓"中,顾氏家族定居吴郡最早,以顾雍等为代表的顾氏族人多践行儒家道德规范。"吴郡四姓"中陆姓堪称第一盛门,出现了陆澄、陆缮、陆厥、陆襄、陆云公、陆琼、陆从典、陆琰、陆瑜、陆琛等代表性人物,他们恪守忠义之道,或善于政务,或以文学著称,对于吴地文化的弘扬做出了重要贡献。以泰伯庙修缮为例,"宋元嘉中,刘损为郡命修葺之。梁时郡人陆云公作庙碑"(同治《苏州府志》卷三十六)。至唐代,诗人皮日休有咏《泰伯庙》云:"一庙争祠两让君,几千年后转清芬。当时尽解称高义,谁敢教他莽卓闻。"陆氏后人陆龟蒙作《和泰伯庙》诗云:"故国城荒德来荒,年年椒尊湿中堂。迩来父子争天下,不信人间有让王。"后代骚人墨客,也多有传颂泰伯庙的诗文。钱大昕《陆氏义庄记》说:"三吴自泰伯、季札以礼让开其始,洎宋范文正公守乡郡,创立义田,以赡宗族,迄今七百余年,范氏之苗裔犹食其德,高义之名,彰于宸翰,其规条具在,可谓善之善者矣。"范仲淹在组诗《苏州十咏》中首先咏者就是泰伯庙,诗云:"至德本无名,宣尼以此凭。能将天下让,知有圣人生。南国奔方远,西山道始亨。英灵岂不在,千古碧江横。"

三、外来家族对吴地文化的影响

文化礼仪的兴盛离不开经济基础的支撑,在宋代农耕社会高度发展基础上,明清时期吴地迎来了工商业的空前繁荣。李东阳《南隐楼记》说:"若苏之为城也,称繁华之地,其最繁且华者,莫如阊门。天下之仕者、商者、旅而游者,舟楫鳞次,货贝山积,喧哄嚣笑之声,穷昼夜不绝。"王心一《重修吴县志序》也说:"尝出阊市,见错绣云连,肩摩毂击,枫江之舳舻衔尾,南濠之货物如山,则谓此亦江南一都会矣,而其间风俗之淳漓、人民之消长,不能问也。"自明中期至清中期,阊门一直是苏州经济最为活跃的一个地点。据《江苏省明清以来碑刻资料选集》记载,苏州最早的会馆是山塘街的岭南会馆,始建于明万历年间;清康、雍、乾时期会馆数量迅速增长,此后增速放缓;至光绪年间,苏州共有会馆约四十个,其中十三个在阊门,四个在山塘街,其他散诸南濠大街、留园马路、桃花坞大街等处,皆在阊门附近,显示出当时商业活动的兴盛以及苏州与外地联系的密切。在相当长的一段时间里,至德庙所处的阊门地区一直是苏州经济最为活跃的一个地点。范金民在《清代苏州城市工商繁荣的写照——〈姑苏繁华图〉》中,根据徐扬的《盛世滋生图》,认为其中店肆,"能够辨认者多达二百六十余家,将盛清时期苏州这一全国最为著名的工商都会之地的繁盛市容全方位、直观式地展示了出来。

这些市招反映的内容极为丰富多彩，而且均有相应的文献记载。反映一个城市的繁华……"（《史林》2003年第五期）自古以来，中市街、皋桥、阊门下塘一带就是商业繁华之区，至德庙更处闹市中心。咸丰十年（1860），阊门内外虽遭兵燹，同治中兴后，很快恢复。据光绪年间《申报》报道："苏垣内之吴泰伯庙在中市下塘庙前，旧有小桥一架，桥之左右则民居鳞次，屋舍俨然，是亦热闹之地也。"居民中且不乏大户，"苏垣富户俞予文，在泰伯庙下塘建有市房若干所"。及提到各种祭拜活动频繁开展时，说"阊门内让王庙奉祀吴泰伯，每年五月十五日俗传泰伯诞辰，举凡江湖餬口之流，必至庙中膜拜，既而各依位次，或演戏，或度曲，喧阗竟日，乐此不疲"。有的迎神赛会，仪式非常隆重，如光绪十七年（1891）七月，"初四晚游行，市上观者以千百计……泰伯庙前，跳舞盘旋，麟爪毕现，至一点钟后始各散归"。这说明明清工商业的发展加快了人口聚集，而大规模的人口聚集，不但为工商业提供了商业资金和劳动力，而且提供了庞大的消费群体。同时也说明，当时的各种民俗活动，多以泰伯庙为中心展开。

明代大批家族涌入苏州后，初期大多分布于阊门周边，以商贾为生。阊门便利的水陆交通为商业活动提供了理想的条件。在家族积累一定资本后普遍发生转型，延师教育子弟读书，以应科举，光大门楣。顾颉刚在《苏州史志笔记》中说："苏州人家由徽州迁来的甚多，其初率以经商，后乃渐以科第称巨族，如潘介泉家，吴湖帆家，汪仲周家，及吾嗣祖母张家是也。"这些家族由于人口繁衍，在地理空间也发生了变化。康熙初年，潘景文自苏州南濠迁徙至黄鹂坊桥，成为吴地望族后，后裔又迁至玄妙观西，其一支复迁至钮家巷。再以彭氏为例，彭氏祖籍临江府清江县（今属江西），明初迁至苏州府阊门附近从事商业活动。至嘉靖年间彭天秩中举后，其子彭汝谐为万历四十四年（1616）进士，之后彭家代有登科。该家族在壮大过程中屡有分迁，据彭绍升《彭氏家传》记载，明末清初之际该家族"或居盘门，或居葑门，或居城中草桥张家巷沿仓巷，或居葑门外郭巷，或居车坊"（《彭氏宗谱》卷四《祠墓祭田图说家传二篇》），说明了家族的兴旺发达。从康熙至光绪两百多年间，苏州彭氏世族收到了朝廷御赐的制词一百一十六道，此外还有匾额、横幅二十七件，上谕两道，祭文碑文各一。朝廷如此高密度地向一个地方世族颁发诏书的总数之多，显然令人咋舌。彭氏世族的发展只是当时社会的一个缩影，以文立家成为众多地方世族持家的理念。"读书做官论"虽不足为训，但使家族成为富有文化教养的书香门第,对社会形成良好的风气具有积极作用。而且子弟养成了好品德,即使入仕为官,也能为国分忧、为民造福。复以吴氏世族为例,据《吴氏大统宗谱》卷首下记载,该家族累出公卿,"俨然具万石家风,显亲扬名之义岂不大哉"。"万石"见《汉书·石奋传》:"奋长子建,次甲,次乙,次庆,皆以驯行孝谨,官至二千石。于是景帝曰:'石君及四子皆二千石,人臣专宠乃举集其门。'凡号奋为万石君。"所谓"万石家风",见《魏书》卷六十三《杨播传》记载:"杨播兄弟,俱以忠毅谦谨,荷内外之任,公卿牧守,荣赫累朝,所谓门生故吏遍于天下。而言色恂恂,出于诚至,恭德慎行,为世师范。汉之万石家风、陈纪门法,所不过也。"可见"万石家风"是指富贵人家的家庭教养,这当然是读书人家庭追求的目标,如彭氏家族在其文集里多以"万石家风"相勉励。

及至清代,泰伯精神受到朝廷高度重视。同治《苏州府志》卷三十六记道:"四十四年,圣祖仁皇帝南巡,御书'至德无名'四字额,命所司制置庙中。五十九年,巡抚都御史吴存礼修,杨绳武记。乾隆十六年,高宗纯皇帝南巡,御书'三让高踪'四字额,命所司制置庙中。"历任地方官员都重视泰伯庙的修建,《清史稿·汤斌传》记道:"斌令诸州县立社学,讲孝经、小学,修泰伯祠及宋范仲淹、明周顺昌祠。"

梁章钜《楹联续话》卷一说:"苏州泰伯庙中无佳楹帖,惟齐梅麓彦槐,有题泰伯墓柱一联云'志异征诛,三让两家天下;功同开辟,一抔万古江南',语殊壮阔,曾见近人笔记亦载此联,脱却志异功同八字,又以为齐眉楼所撰,殊可笑也。"清代,祠堂的修、毁之间,反映了朝廷的道德导向,据《江苏查名贤祠檄》记载:"照得推崇先哲宜彰俎豆之光,仰企前徽用展式庐之敬,吴自至德开疆,人文蔚起,硕彦名卿,后先接踵,理学经济,彪炳汗青,其间或以忠节着,或以文学称,或以功业显,流风余烈,洵堪尸祝千秋,本都院夙昔读书怀古即深尚友之思兹者。"(宋荦《西陂类稿》卷三十九)晚清,泰伯祠祭依然极其隆重。宣统二年(1910)八月十四日秋祭泰伯庙,"奉抚院委藩司陆方伯主祭正位,其仲雍位前委苏州府,季子位前委总捕,两庑委长洲元和两县令分献,陆方伯旋谕,是日黎明六点钟开祭,届时方伯至庙首,府以下各官无一员到者,方伯大为不然,遂即在正位前,祭毕向署后立即行文,饬将延误祭祀之首府、总捕、长元二县各记大过一次"(《玩视祭祀记过示惩苏州》,《申报》1910年9月21日)。这些无不显示出朝廷对泰伯祠祭重视的程度。

明清时期,家族群体快速发展并参与政治,朝廷所倡导的泰伯精神被广泛传播。吴姓后裔的繁衍是至德精神传承的因素之一,《申报》1876年6月26日《苏垣杂事》说:"前报录苏垣中市街之吴泰伯庙,经中丞饬工程局度地量材,大兴土木,现悉业已工竣于闰五月朔,恭请神位入庙,中丞率其所属,并在城裔孙亲自致祭焉。"吴氏家族后人在朝廷主导的祠祭活动中扮演了重要的角色。明清时期,新兴家族的兴起也是弘扬至德精神的动力。以彭氏族人彭启丰为例,他曾为《至德志》作序(见彭启丰《芝庭诗文稿》文稿卷三序),一时名士的著作如张士元《嘉树山房集》、尤侗《西堂杂组》等,也多有涉及泰伯文化的内容。

四、家族与吴地文化的特征形成

苏州大学王卫平在《论吴文化的基本特征》中指出,吴文化是指吴地人创造的一切物质文明和精神文明的成果,是吴地物质、精神、行为诸层面文化表现的总和。因此,他概述吴文化总体特征至少表现为四点:景观独特的水乡文化、土味十足的吴语文化、由刚及柔的民风习性和适时顺变的开放功能。笔者以为家族(包括外来家族)是文化形成的重要载体,也是吴文化特征形成的关键所在。

第一,家族个体的延续是吴地文化精神传承的载体。一方面,至德精神的传播当然与历代朝廷的重视和倡导密不可分。另一方面,家族的推动同样不容忽视,尤其是吴氏家族历久而不衰,是泰伯精神延续的重要载体。不少祠祭活动虽为朝廷主导,家族后人参与是活动开展的关键,这在上文有着充分的论述。这不仅体现在至德祠,明清兴起的乡贤祠堂同样如此。与泰伯祠相照应,府学内设有乡贤祠,彭启丰在《重修苏州府学乡贤祠碑》中说,乾隆三十八年(1773)夏,"祠为风雨所破,毁伤木主。教授储君、训导魏君谋葺而新之,告诸贤裔,佥应曰诺。各输金以应,选材精良,高广悉如旧制,增饰祐主,既固且安。工既竣,集子孙于祠,奉牲以荐焉"。可见,家族后人对于家族精神的传播起到了不可替代的作用。

第二,家族群体的壮大是吴地文化内容创新的推动。至德精神为核心的吴地文化不断丰富,不仅依靠朝廷和吴氏后裔,更在于春秋以来家族群体的发展。这些家族大部分皆由外地迁徙而来,在参与吴地开发过程中对泰伯文化逐渐认可并进行弘扬。目前,国内学界几乎一致认为吴文化的重要特征在于他的开放性。从家族视角看,此种论点反映了越来越多的家族群体迁入吴地后逐渐本土化,从而使得吴地文化内涵不断丰富。与家族群体的动态分布相一致,春秋至清代,至德精神实际上始终处于"适时顺变"的状态。吴地家族群体开拓创新的精神赋予了吴文化旺盛的生命力。

第三,家族地位的提升是吴地文化影响形成的关键。春秋以来,吴地出现了许多名显一方的家族,在此过程中吴地文化的社会影响不断提升,进而在全国占据着举足轻重的地位。毫无疑问,家族群体的地位与区域文化的影响二者之间有着不可分割的联系。从吴文化的起源看,泰伯奔吴的背后实际上是北方姬姓家族势力不断扩张的结果。魏晋时候,北方家族的南迁更是以家族势力推动吴文化社会影响的形成。明清时期,彭启丰、石韫玉等这些地方家族不同程度参与至德祠堂的修建及祠祭活动的开展,更是在以家族势力推动至德精神社会效应的形成。正如彭启丰在《重修苏州府学乡贤祠碑》中所说:"今观巨公名流仁义佩于当躬、名节炳于一世者,后先相望,其亦盛矣! 非被服于先圣先师之教者,其能然乎? 凡过其里居,述其姓氏,靡不流连慨慕,想见其为人。"关于目前遗存的泰伯祠堂相关记载、诗文,数量相当丰富,显示出家族以其家学从不同层面助推了吴地文化社会影响的形成。

如今,家族制度作为封建制度的附丽早已成为过去式,但家族仍是客观存在的,回顾历史,当有一定的启示。

文献学和音韵学视野中的《哀慕歌》时代问题

赵承中

摘 要：《哀慕歌》是一首四言诗，旧题季历作。自南朝陈代至清代，虽几经抄传，但对这首诗作者和时代的可靠性，并没有人产生过怀疑。本文从文本异同、流传轨迹和用韵习惯等方面进行了考察和辨析，认为这首诗不是商末季历所作，而是出于东汉魏晋人的伪托。在考辨中，本文还就汉乐府《焦仲卿妻》、《东门行》的韵脚取舍问题，对当前通行的看法提出了不同意见。

关键词：《哀慕歌》 季历 东汉魏晋 伪托

"先王既徂，长賮异都。哀丧腹心，未写中怀。追念伯仲，季我如何。括桐萋萋，生于道周。宫馆徘徊，台阁既除。何为远去，使此空虚。支骨离别，垂思南隅。瞻望荆越，涕泪交流。伯兮仲兮，逝肯来游。自非二人，谁诉此忧。"[1]

这首四言诗名曰《哀慕歌》，录自《太平御览》，题"季历作"。季历，或称公季、王季，是周太王古公之季子，文王昌之父，后为商王文丁所杀。事迹具《史记》中。反复诵读此诗，对于它是否果系季历所作，或者说是否果系商末作品，心存疑惑。特略呈管见，试从文本、流传、音韵三个方面对它加以考辨。不当和疏漏之处，敬祈教正。

一、文本异同溯来历

就笔者所见，《哀慕歌》现存四种文本。

一是《太平御览》本（简称"宋本"）。《太平御览》，宋初李昉、扈蒙奉太宗诏领衔编纂的一部类书，开馆于太平兴国二年（977）三月十七日，至八年（984）十二月十九日书成，历时六年有余。该书卷帙浩繁，搜罗富赡。全书分五十五部，总一千卷，征引经史图书，及古律诗、古赋、铭箴、杂书等，不下两千种。内中十之七八今已不传。但这些佚典的断简残篇，端赖此书才得以保存下来。《哀慕歌》即其中之一。它载于卷五七一《乐部九·歌二》，是目前所能见到的最完整的文本。诗已见于文首，不赘录。诗前有一段"按语"，云：

又曰：周太伯者，周太王古公之长子也。古公有子三人，长者太伯，次者虞仲，少者季历。季历之子名昌，即文王也。古公寝疾将死，国当有传，心欲以传季历，乃呼三子，谓曰："我不起此病。继体兴者其在昌乎！"太伯见太王传季历，于是，太伯与虞仲俱去，被发文身以变形，托为王采药。后闻古公卒，乃还奔丧，哭于门外，示夷狄之人不得入王庭。于是，季历谓："太伯，长子也，伯当立，何不就？"太伯曰："吾生不供养，死不饭含，哭不临棺，不孝之子，焉得继父乎？断发文身，刑余之人也，戎狄之民也，三者除焉，何可为君矣。"季历垂涕而留之，终不肯止。遂委而去，到江海之涯，吟咏优游，仰览俯观，求膏腴之处，遂适于吴。率以仁义，化以道德，荆越之人，移风易俗，成集韶夏，取象中国，乃太伯之化也。是后，季历作《哀慕》之歌。[2]

上引文字，之所以称之为"按语"，是因为它并非《哀慕歌》原有之序文，而系最初将该诗采辑入集者所加。这段按语，稍详于《史记》的同类记载，它旨在介绍知名度既不如其父其子，也不如两位兄长的作者其人，及该诗所涵盖的那种情感背景。这对于把握该诗的意蕴还是很有裨益的。

按语开头的"又曰"两字，它不属于本文，而只是下文出处的标引。连接上文，可知按语及诗皆直接引自《古今乐录》一书。证之《太平御览》卷首《经史图书纲目》，也恰恰列有《古今乐录》其书。据此，则宋本之诗及按语为《古今乐录》之原文，明矣。

二是《风雅逸篇》本（简称"杨本"）。《风雅逸篇》，明杨慎辑，十卷，书成于正德十三年（1518）。杨慎在《序》中写道：

楚凤鲁麟，风之逸也；尧衢舜薰，雅之逸也。……嗟夫！世远籍湮，不能举其全也。然其余句散见诸书，若二戴礼，若春秋内外传，若汲冢沈文，若诸子璅语。网罗放失，缀合丛残，尚多有之。[3]

韩奕《后序》亦说：

是编总十卷。凡先秦以上歌谣声诗，其巨细短长欢呼悲怨之类，悉以收录不遗。下逮谚语，亦在采获。盖虽或杂于后世所引，而渊源固古人之遗也。[4]

按两序所言，则该书所收之时限，上自古初，下迄战国末，其对象为"诗三百篇"失载之歌诗谣谚，包括那些遗目逸句，其方法是钩稽经传、史籍、诸子，及其他杂书。在杨慎看来，凡编入是集者，都是此期作品。《哀慕诗》载是编卷二，无按语，略异于宋本：题名作《后慕歌》，下题"泰伯作"，句中"季我"作"我季"、"括桐"作"梧桐"、"宫馆"作"宫舒"，并为两韵脚加了音注："怀，音褱"，"周，淳于切"。这些异文是否表明杨本另有所本呢？答案是否定的。因为《风雅逸篇》中，部分篇名下标有出处，如卷一《康衢歌》下之《列子》、卷二《乌鸢歌》下之《吴越春秋》、卷五《梦奠歌》下之《礼记》，等等，而《哀慕歌》下，则标有《太平御览》几字。尽管，《风雅逸篇》中也有径直选录自《古今乐录》的篇什，如卷二《越裳操》下就标有《乐录》之名，杨慎的另一部著述《升庵诗话》中也有《古今乐录》的两条引文[5]。不过，杨慎之言可证，《哀慕歌》一诗他不是辑自《古今乐录》，而是辑自《太平御览》。

至于杨本的异文，除"哀"作"后"、"季历"作"泰伯"，系杨慎不审误改外，其余或因杨慎所据之《太平御览》版本不同，或因墨迹之漫漶、形近而致讹，也未可知。

三是《古诗纪》本（简称"冯本"）。《古诗纪》，明冯惟讷辑，都一五六卷，"始事于甲辰（嘉靖二十三年，1544）之冬，集成于丁巳（嘉靖三十六年，1557）之夏，岁凡十四稔"[6]。载于是集卷一《古逸第一·歌上》的《哀慕歌》前，亦有按语，云：

《古今乐录》曰：周太伯者，太王之长子也。太王有子三人：太伯、虞仲、季历。季历之子昌，即文王也。太王寝疾，欲传季历，以及昌。于是太伯与虞仲去，被发文身，托为王采药。后闻太王卒，还奔丧哭于门，示夷狄之人不得入王庭。季历谓："太伯长子也，当立。"垂涕而留之。终不肯止，遂委而去，适于吴。是后，季历作《哀慕》之歌。

观照宋本，这段文字一是将"古公"一律改成"太王"，二是缩减繁言，使之更为赅约。而其诗，未题作者名，"褱"字下注"音允"，"宫馆"后加了"《风雅逸篇》作舒云。舒,古榭字,一作观",双行小注。余皆照录了杨本。

张四维《古诗纪原序》称:冯惟讷为辑此书,"七略、四部之所鸠藏,齐谐、虞初之所志述,无不搜焉"[7]。而从以上对该文本的分析,可以认定,它虽言及《古今乐录》,但其文其诗皆采辑自宋本、杨本,并不曾超越此范围。收入明周应治所辑《广广文选》卷一《杂歌》的《哀慕歌》一同于冯本。

四是清光绪《无锡金匮县志》本(简称"清本")。《无锡金匮县志》,清裴大中等修、秦缃业纂,刊于光绪七年(1881)。无锡为太伯端委之区。《史记》卷三一《吴太伯世家》载:

吴太伯,太伯弟仲雍,皆周太王之子,而王季历之兄也。季历贤,而有圣子昌,太王欲立季历以及昌,于是太伯、仲雍二人乃奔荆蛮,文身断发,示不可用,以避季历。[8]

唐张守节《正义》:"吴,国号也。太伯居梅里,在常州无锡县东南六十里[9]。"无锡梅里犹存留着多处太伯遗迹。南朝梁刘昭《后汉书志》卷二十二《郡国四》注曰:"无锡县东皇山有太伯冢,民世修敬焉。去墓十里有旧宅、井,犹存[10]。"因之,纂修者们也就很自然地把这首季历思兄之作《哀慕歌》,当作是有关无锡的最早的作品,而收入《无锡金匮县志》,且以其为《艺文》门建首。

同宋本、杨本、冯本相比较,清本惟作者名复宋本之旧,"宫馆"后注文依冯本,此外,全同于杨本。

诗前亦有按语,曰:

历谓:"泰伯,长子也。《古今乐录》:泰伯既与虞仲逃去,披发文身,托为王采药。后闻太王卒,还奔丧,哭于门。季当立。"垂涕而留之。终不肯,遂委而去,适于句吴。是后,季历作《哀慕》之歌。[11]

其文多与冯本雷同,显然由冯本再行省简而成。

总观清本,它既不全同于宋本,又不全同于杨本、冯本。可是,不难发现,凡异于宋本处,必同于杨本、冯本,反之亦然。所以说,清本之所据盖在于宋本和杨本、冯本之间。

至此,可以把以上四种不同文本的流变归纳如图,以作小结:

二、踪迹迷离见疑窦

上文在梳理《哀慕歌》四种文本源流出处的过程中，几乎都提到了一个书名——《古今乐录》。它是宋明清各种不同文本的共同源头，也是此诗存佚继绝的关键。

《古今乐录》，南朝陈释智匠撰。《隋书》卷三二《经籍志一》有著录，为"十二卷"。《唐书》卷四六《经籍志·经籍上》、《新唐书》卷五七《艺文志》、《宋史》卷二〇二《艺文志二》亦有著录，俱称"十三卷"。但在此后，它便从正史《艺文志》，和诸如《四库全书总目》、明黄虞稷《千顷堂书目》、清陆心源《皕宋楼藏书志、续志》、清沉德寿《抱经楼藏书志》等众多官私书目中销声匿迹了。

《宋史》修成，已届元末至正五年（1345）。明初修《元史》，仓促开局，胜国遗献多所阙略，石渠东观漫无稽考，故不设《艺文》之志。有清一代，钱大昕、倪灿和卢文弨、金门诏诸家曾予补撰，然"但取当时文士撰述，录其都目"[12]。对于蒙元之世群籍之存逸，已难寻其绪。而《明史》开修于清康熙十八年（1679），其时距《宋史》之成，也已历三百四十四年。南朝陈释智匠的《古今乐录》这部"宋时尚存"[13]，确切些说，是南宋时尚存，而且"颇见重于当时"的著述[14]，或许正是在元末至清初这一时期内渐次散佚的。杨慎时当明正德年间，约居于这一时期中段，以他之博洽，亲睹濒于绝传的《古今乐录》其书，也还是有此可能的。到了清代，是书已绝迹于世，目录学家王谟在明程荣、何允中原辑旧版的基础上增益重刊《汉魏遗书》时，从他书中抄出一百六十一条，厘为一卷，仍题《古今乐录》，收入其中。据王谟列出的"清单"计：

郭氏《乐府》百三十二条、《御览》十三条、《初学记》七条[15]、《书钞》《白帖》各一条、《事类赋注》六条、《后汉书注》一条。[16]

"清单"中的《御览》就是《太平御览》，《哀慕歌》也厕身于这"十三条"之中。足见一卷本《古今乐录》中之《哀慕歌》反是依据《太平御览》而来。王氏《汉魏遗书钞》初刻于清嘉庆三年（1798）。其后，又有黄奭《汉学堂丛书》本、《黄氏逸书考》本[17]、马国翰《玉涵山房辑佚书》本等，所编入之《古今乐录》均为一卷，其内容与王氏本约略相同。《无锡金匮县志》的纂修者们所见到的，充其量只能是《古今乐录》的一卷本。此为辑佚本，自非其原貌矣。

南宋王应麟《玉海》引《中兴书目》，称：《古今乐录》，"陈光大二年，僧智匠撰"[18]。陈光大二年，是公元568年。从季历至智匠，其间历周秦两汉魏晋和南朝的刘宋、萧齐、萧梁，已阅一千五百年。在此漫长的岁月中，《哀慕歌》的"际遇"又是如何呢？

众所周知，《诗经》是定形于春秋中叶的一部诗歌总集，时称《诗》或"诗三百"，实存三百零五篇，分风雅颂三类。《诗经》里的作品，在地域上分布甚广，北越黄河，南至江汉流域，涉今陕西、山西、河北、河南、山东，及湖北和安徽的西北部一带。其中《周颂》、《大雅》、《豳风》、《秦风》之全部，《小雅》之大部，都是采自立国前后周人居住和活动之区。在时限上，《周颂》之全部，《大雅》之小部，《豳风》之《破斧》、《东山》两篇，则是作于西周前期武王至穆王之世。而且，在《大雅》追叙周朝开国事迹的史诗中不仅有直接写到"王季"的，还有同时写到"太伯"与"王季"的。前者如："挚仲氏任，自彼殷商，来嫁于周，曰嫔于京。乃及王季，维德之行。"[19]后者如："帝作邦作对，自太伯王季。维此王季，因心则友。则友其兄，则笃其庆，载锡之光。"[20]

如果《哀慕歌》是一首商末时作于周原（今陕西省宝鸡市岐山县北）的诗，那么无论从它产生的年代和地域看，还是从"王季"在诗中所表达的"则友其兄""太伯"的那种情感看，都应该属于《诗经》采集者的采集范围。这是其一。

其二，从《诗经》中诗的采集方式看。关于采诗，各书所载不一。《汉书》卷三十《艺文志》曰："故有采诗之官，王者所以观风俗，知得失，自考正也。"[21]同书卷二四上《食货志》曰："孟春二月，群居者将散，行人振木铎，徇于路以采诗，献之太师，比其音律，以闻于天子。"[22]东汉何休《公羊传注·宣公十五年》曰："从十月尽正月止……男年六十，女年五十无子者，官衣食之，使之民间采诗，乡移于邑，邑移于国，国以闻于天子。"[23]《礼记·王制》曰："天子五年一巡守。岁二月东巡守……命太师陈诗以观民俗。"[24]《国语》卷一《周语上》记召公语曰："公卿至于列士献诗，瞽献典，史献书；师箴，瞍赋，蒙诵……"[25]但不管是"采诗之官",是"行人",是孤寡力衰者采诗,还是"太师陈诗"、"公卿列士献诗",一则其时去商末尚不算久远,二则所采之诗最终都要汇集到王廷,以满足周天子作乐制礼的需要,所以,这些采诗陈诗献诗者们不可能不知道季历是周室的先王,而对这首《哀慕歌》也就势必会尤加瞩目。

其三,从《诗经》删订的原则看。各地所采之诗汇总到王廷后,还须经周太师的删订,逐步形成为今本《诗经》。先秦时期,《墨子》、《庄子》、《韩非子》、《吕氏春秋》等对《诗经》都有论述和引用,而较有代表性的,当数儒家的言论。《论语》云:"诗三百,一言以蔽之,曰:思无邪。"[26]"诗,可以兴,可以观,可以群,可以怨。迩之事父,远之事君。多识于鸟兽草木之名。"[27]《礼记》亦云:"入其国,其教可知也。其为人也,温柔敦厚,诗教也。"[28]这些言论,概括了《诗经》的编选的宗旨及社会教育功能。但也不妨把它看作是《诗经》删订的原则和取舍标准。

按《哀慕歌》主要叙写古公死后,作者在悲伤之余,更加怀念两位远在"荆越"的兄长,手足的分离使他感到不安和失落,他希望兄长们能回到自己身边,当面诉说内心的愁苦和思虑。情辞恳切动人,不失为一首怀人的佳作。类似的作品,在《诗经》中也占据一席之地,只是作者身份、怀念对象有所不同罢了。以是观之,《哀慕歌》丝毫没有违碍《诗经》删订的原则,因而也不至于在删订时被太师割爱。

基于以上理由,假定《哀慕歌》确系季历所作,那么,后人自当在《诗经》中读到它。然而,事实并不是这样,这不能不使人对这首诗的可靠性打上一个问号。

据《风雅逸篇序》云:

孔子曰:"诗三百。"又曰:"诵诗三百。"墨子曰:"诵诗三百,弦诗三百,歌诗三百,舞诗三百。"司马迁曰:古"诗三千余篇",孔子删之为三百篇。由前言之,则太师职数止此;由后言之,则今所存十一千百耳。

杨慎认为,与《诗经》同期编成的,尚有"诵诗"、"弦诗"、"歌诗"、"舞诗"各三百篇,不过皆已不传于世了,并引孔子、墨子和司马迁之言以为佐证。

司马迁的原话见于《史记》卷四七《孔子世家》:

古者诗三千余篇,及至孔子,去其重,取可施于礼义,上采契、后稷,中述殷周之盛,至幽、厉之缺,始于衽席,故曰:"《关》、《雎》之乱以为《风》始,《鹿鸣》为《小雅》始,《文王》为《大雅》始,《清庙》为《颂》始。"三百五篇孔子皆弦歌之,以求合韶、武、雅、颂之音。[29]

司马迁所谓的"弦歌",实际上是一种以诗谱乐的制作过程。

再看孔、墨之言。《论语·子路》记子曰:

诵诗三百,授之以政,不达;使于四方,不能专对;虽多,亦奚以为?[30]

《墨子·公孟》所载墨子之言是在同公孟子辩难时所说,谈到儒家丧礼多则三年,少则数月后,他提出:"或以不丧之间,诵诗三百,弦诗三百,歌诗三百,舞诗三百。若用子之言,则君子何日以听治,庶人何日以从事?"[31]

很显然,孔、墨所说的"诵诗"、"弦诗"、"歌诗"、"舞诗"分别是指熟读或诵读《诗经》,弹奏为《诗经》所谱之乐曲,咏唱《诗经》,按《诗经》乐曲之节律进行表演,这些都属于学习和运用《诗经》的具体形式。杨慎是误会了文意。

退一步说,即使诚如杨慎所言,"诵诗"、"弦诗"、"歌诗"、"舞诗"各有其集,而《哀慕歌》确被收入其中一种,而后又随之亡佚了。于是,新的问题又产生了,有人不禁要问:它因何得以再生于千载之后呢?它的藏身之地又在何处?

总之,隐迹于不当隐之际,而又现身于不该现之时,这便成为《哀慕歌》流传轨迹中最大的疑点。

当然,由于先秦汉魏典籍散佚过半,诸多问题已无从查实,但如果单凭以上的疑点匆匆得出结论说,《哀慕歌》乃后人托名之作,这似乎不免武断。最有说服力的证据,还得向《哀慕歌》本身索求。

三、语音演变辨真伪

任何个人的作品,同时也是时代的作品。作者生活的那个时代,必然会给作品烙上其色彩鲜明的深刻印记。尽管时光流转,无情的岁月至多只能荡涤去作品表面的尘封积垢,但决计无法消除掉融入作品字里行间的这种时代标识。因此,正面审视作品,解读这种标识,从中获取某种信息,也许是判断这一作品时代性的最有效的途径。下面将把视线转向《哀慕歌》本身,从它的用韵中探寻答案。

需要加以说明的是,《哀慕歌》自陈代被编入《古今乐录》以来,虽出现了宋明清四种文本,文字稍有不同,但其韵脚始终未变,这就排除了经后人擅改的嫌疑,从而保证了以下分析的可行性。

《哀慕歌》首句起韵,凡二十句,十一韵。兹依以下诸家之韵表,将此十一韵脚归入所在韵部:

书名　　韵脚	徂	都	怀	何	周	除	虚	隅	流	遊	忧
段玉裁《诗经韵谱》《群经、〈国语〉、〈楚辞〉韵谱》[32] 共十七部	鱼部	鱼部	微部	歌部	幽部	鱼部	鱼部	侯部	幽部	幽部	幽部
夏炘《诗古韵表》[33] 共二十二部	鱼部	鱼部	脂部	歌部	幽部	鱼部	鱼部	侯部	幽部	幽部	幽部
周祖谟《诗经韵字表》[34] 共三十一部	鱼部	鱼部	微部	歌部	幽部	鱼部	鱼部	侯部	幽部	幽部	幽部
王力《先秦二十九韵部例字表》[35] 共二十九部	鱼部	鱼部	微部	歌部	幽部	鱼部	鱼部	侯部	幽部	幽部	幽部
唐作藩《上古音手册》[36] 共三十部	鱼部	鱼部	微部	歌部	幽部	鱼部	鱼部	侯部	幽部	幽部	幽部

上表中各家之韵目虽有差异,但这十一个韵脚分隶于五个韵部,则是相一致的。按照诗歌用韵的通例,第一句、第二句与第四句,至少第二句与第四句应该是押韵的;以后可以同韵,也可以换韵。可是,这首《哀慕歌》第一、二句,即"徂"与"都"固然押韵,而与第四句的"怀"并不在同一韵部;第六句的"何"、第八句的"周",以及第十四句的"隅"也都是孤韵。假设它们分别是同相邻的韵脚通押的,那么,鱼和微、微和歌或歌和幽、幽和鱼、鱼和侯或侯和幽之间的合韵,又是否合乎先秦时期的用韵习惯呢?

被王力先生誉为"在古韵学上应该功居第一"[37]的段玉裁是主张先秦作品中存在合韵现象的清代学者之一。他撰有一篇《古合韵说》阐明了这一主张:"古本音与今韵异,是无合韵之说乎?曰有。"[38]他进而将自己所定的十七部古韵,按读音的远近重订次序,并分成六类,然后又在《古合韵次第近远说》中指出:

合韵以十七部次第分为六类求之。同类为近,异类为远。非同类次第相附为近,次第相隔为远。[39]

另一位音韵学家江有诰赞同段说。他在《寄段茂堂（玉裁）先生书》中写道：

有诰窃谓近者可合，而远者不可合也。何也？著书义例，当严立界限。近者可合，以音相类也；远者亦谓之合，则茫无界限，失分别部居之本意矣。[40]

王力先生在肯定段氏和江氏的"合韵理论是可以成立的"[41]同时，再次强调说："合韵并非任意撮合，近者可合，远者不可合。"[42] "合韵不是漫无边际的，必须邻韵才能通押。"[43]

以上关于合韵的论述，归结起来，就是韵母或者说是元音相近的韵部可以合韵。这是先秦时期用韵的一条基本规则。

对照段氏的分类，上述五个韵部中，"微"和"歌"同在第六类，"幽"、"侯"、"鱼"同在第二类，同类各韵间合韵关系的成立，那是不辩自明的。现再各举两例。

（一）微歌合韵：

屈原《九歌·东君》："驾龙辀兮乘雷，载云旗兮委蛇。长太息兮将上，心低徊兮顾怀。羌声色兮娱人，观者憺兮忘归。"其中"雷"、"怀"、"归"：微部；"蛇"：歌部。

屈原《远游》："祝融戒而跸御兮，腾告鸾鸟迎宓妃。张咸池奏承云兮，二女御九韶歌。使湘灵鼓瑟兮，令海若舞冯夷。玄螭虫象并出进兮，形蟉虯而逶蛇。雌蜺便娟以增挠兮，鸾鸟轩翥而翔飞。音乐博衍无终极兮，焉乃逝以徘徊。"其中"妃"、"飞"、"徊"：微部；"歌"、"蛇"：歌部；"夷"：脂部。

（二）幽鱼合韵：

《诗经·大雅·民劳》二章："民亦劳止，汔可小休。惠此中国，以为民逑。无纵诡随，以谨惛怓。式遏寇虐，无俾民忧，无弃尔劳，以为王休。"其中"休"、"逑"、"忧"、"休"：幽部；"怓"：鱼部。

屈原《九章·思美人》："开春发岁兮，白日出之悠悠。吾将荡志而愉乐兮，遵江夏以娱忧。擥大薄之芳茝兮，搴长洲之宿莽。惜吾不及古之人兮，吾谁与玩此芳草。"其中"悠"、"忧"、"草"：幽部；"莽"：鱼部。

（三）鱼侯合韵：

《诗经·周颂·有瞽》："有瞽有瞽，在周之庭。设业设虡，崇牙树羽。应田县鼓，鼗磬柷圉。既备乃奏，箫管备举。"其中"瞽"、"虡"、"羽"、"鼓"、"举"：鱼部；"奏"：侯部。

《诗经·小雅·宾之初筵》:"钥舞笙鼓,乐既和奏。烝衎烈祖,以洽百礼。"其中"鼓"、"祖":鱼部;"奏":侯部。

(四)侯幽合韵:

《诗经·大雅·生民》七章:"诞我祀如何?或舂或揄,或簸或蹂;释之叟叟,烝之浮浮。"其中"揄":侯部;"蹂"、"叟"、"浮":幽部。

《诗经·墉风·载驰》一章:"载驰载驱,归唁卫侯。驱马悠悠,言至于漕。大夫跋涉,我心则忧。"其中"驱"、"侯":侯部;"悠"、"漕"、"忧":幽部。

合韵的概念,是在离析古音、建立韵部的基础上提出的。韵部未分,杂然一体,也就谈不上合韵了。古韵之分部,以清儒顾炎武为嚆矢,而晚明陈第实导其先路。早于陈第数十年的杨慎尚不明白"时有古今,地有南北,字有更革,音有转移"[44]的道理。他已经意识到《哀慕歌》的用韵不谐协,却只能注上"怀,音窠"、"周,淳于切",想用"叶音",即改变字的读音来弥合它。王力先生曾说:"不知有合韵,则或以为无韵,或指为方言,或以为学古之误,或改字以就韵,或改本音以就韵。这都是错误的。"[45]杨慎此举的错误,正在于他不知从合韵的视角来分析《哀慕歌》的用韵。

如上所见,微歌的合韵,使"怀、何"联系起来;幽鱼、鱼侯、侯幽的合韵[46],又使"周、除、虚、隅、流、游、忧"联系起来;两者之间当以换韵视之。可是,这些合韵依然没有解决首联"都"的孤韵问题。

要解决这个问题,"都"所隶的鱼部必须与"怀"所隶的微部通押。鱼部的音值是[a],微部的音值是[əi],两部韵母并不相近,因而鱼微合韵恰恰违背先秦时期的用韵习惯。由此可以肯定,《哀慕歌》不是商末季历所作,而是出于后人的伪托。

四、用韵宽泛知时代

《哀慕歌》的伪托者,既对先秦用韵习惯已不甚了然,则相去必有较长的年代间隔;能以韵母迥异的鱼、微两部通押,则其必出于一个用韵宽泛的时期。

古音学界一般把《切韵》[47]以前语音的发展,分为先秦、两汉、魏晋南北朝三个时期。清人段玉裁以为其中汉魏时用韵最宽。他在《古十七部本音说》中写道:

汉代用韵甚宽,离为十七者几不可别识。晋宋而降,迄于梁陈,音转之变,积习生常, 区别既多, 陆韵遂定。[48]

王力先生也有类似的见解。他在《南北朝诗人用韵考》中说:

用韵的宽严似乎是一时的风尚。《诗经》时代用韵严, 汉魏晋宋用韵宽, 齐梁陈隋用韵严……[49]

他在《古代汉语》中又说:

依照一般的看法, 汉魏诗的用韵是比较宽的。我们可以用合韵的眼光来了解汉魏时代的宽韵。[50]

不过, 在对汉代宽韵的时间界定上, 段氏认为是"汉武帝后洎汉末"[51]。王力则认为"西汉音系与先秦相差不远, 到东汉变化才大"[52]。

还在西汉时, 侯部已撤, 该部字分别归并入鱼、幽两部。原"侯"、"幽"、"鱼"三部合韵也不乏其例, 具见扬雄《解嘲》、汉乐府《陇西行》等。微歌合韵之例, 仍见扬雄《解嘲》, 及汉徐淑《答秦嘉诗》等。不一一列举。

至若鱼微合韵, 则要到东汉末才出现。略举三例, 仍依先秦韵部言之。

例一: 汉乐府《焦仲卿妻》:

孔雀东南飞, 五里一徘徊。十三能织素, 十四学裁衣, 十五弹箜篌, 十六诵诗书。十七为君妇, 心中常苦悲。君既为府吏, 守节情不移……

此例为排列齐整的五言诗。首句起韵, 联末入韵。这"飞、徊、衣、书、悲、移"六韵中, "飞"、"徊"、"衣"、"悲"属微部; "书"属鱼部; "移"属歌部。当是微鱼歌合韵。

例二: 汉乐府《东门行》本辞:

出东门, 不顾归。来入门, 怅欲悲。盎中无斗米储, 还视架上无悬衣。拔剑东门去, 舍中儿母牵衣啼: "他家但愿富贵, 贱妾与君共餔糜。上用仓浪天故, 下当用此黄口儿。今非! ""咄! 行! 吾去为迟! 白发时下难久居。"

此例为杂言诗, "归"、"悲"、"衣"、"啼"、"糜"、"非"、"居"入韵。"归"、"悲"、"衣"属微部; "啼"属支部, "糜"属脂部, 支脂合韵; "非"属微部; "居"属鱼部; 末二韵为微鱼合韵。

例三: 汉乐府《李陵歌》:

径万里兮度沙漠, 为君将兮奋匈奴。路穷绝兮矢刃摧, 士众灭兮名已隤。老母已死, 虽欲报恩将安归。[53]

"奴"、"摧"、"隤"、"归"押韵。"奴": 鱼部; "摧"、"隤"、"归": 微部。

此为鱼微合韵。

需要加以说明的是,对于例一、例二郭锡良先生等编的《古代汉语》所取韵脚与此有所不同。在例一中他多取了第三联出句的"篌"插入"衣"和"书"之间,并注明:"篌:侯部;书:鱼部。侯鱼合韵。"[54]

这种取韵脚的方法是否正确呢?在讨论之前,且从本诗另撷拾一例,与之对照:

入门上家堂,进退无颜仪。阿母大拊掌:"不图子自归!十三教汝织,十四能裁衣,十五弹箜篌,十六知礼仪,十七遣汝嫁,谓言无誓违……"

在这里,《古代汉语》的编者仅标出"仪"、"归"、"衣"、"仪"、"违"五个韵脚。"仪"、"仪"属歌部;"归"、"衣"、"违"属微部。

前面谈到,先秦的侯部,西汉时已经撤销,其字分隶于鱼幽两部,按汉代韵部,"篌"属幽部。后一例的"仪",汉代转入了支部。两例中有五句不仅句式、文义,而且用韵环境也基本相同:一是上下诸韵无一与"篌"同部,二是"篌"所在之句皆非换韵;如果按照前例的取韵方法,那么,在后例中也应取"篌"以与"仪"组成"幽支合韵"。这一合韵关系,在汉代,甚至在本诗中也可寻到实例。而此时,郭先生等对这个"篌"字却偏又置于不顾。在同等条件下,舍之亦并不为错,试问:取之又有何必要呢?

在例二中,郭先生却舍"非"、"居",改以"儿"、"迟"为韵,笔者对此不敢苟同。

首先,在整体结构上,"今非"与"白发时下难久居"为"儿母"同"夫"对话的结句,居于重要位置,"非"和"居"又均非虚词,都表述着不可替代的语义。舍结句而取中句显然是缺乏充分理由的。

其次,在艺术手法上,这两个结句又是双方话语的最终落脚点和人物内心活动的生动再现。"儿母"的一番话归结到一点,就是"今非",即这种行为是不对的。夫不顾她的劝阻,执意要铤而走险,还生怕"吾去为迟",使他下此决心的也正是"白发时下难久居"这种对生存状态的深深绝望。在诗中,他们渲染了一种悲凉、凝重的气氛,起着深化主题的作用。《古代汉语》的编者舍结句而取中句的取韵方法,也是有悖于作品立意的。

再次,宋郭茂倩《乐府诗集》另有一首"晋乐所奏"的《东门行》,仅录其对话:

"他家但愿富贵,贱妾与君共餔糜。共餔糜,上用仓浪天故,下为黄口小儿。

今时清廉,难犯教言,君复自爱莫为非。今时清廉,难犯教言,君慎自爱,莫为非!""行!吾去为迟!""平慎行,望君(一作吾)归。"[55]。

此处"糜"、"儿"、"非"、"非"、"迟"、"归"为韵。韵脚都是确确凿凿地落在对话的各结句上。乐府与词不同,它不是倚声填词,而是按诗谱曲。这两首《东门行》既同名,又同属"瑟调曲",在节律上必定具有较多共同点。韵脚的同位无疑应属于这些共同点之一。

观照《古代汉语》对例一、例二的解析,笔者获得的印象是,郭先生等在韵脚的取舍之间注入了过于浓重的主观色彩,忽此忽彼,使人无所适从,不免过于随意。

要之,鱼微合韵,把两个韵母不同、读音差别较大的韵部通联起来,这正是汉代宽韵的特征。汉代用韵之宽泛,于此可见一斑。在这一尺度下,《哀慕歌》前三联鱼微歌合韵,后七联转换成幽侯鱼合韵,全诗通畅了。

此外,《哀慕歌》的伪托者为使之更像是先秦作品,不惜模仿《诗经》句式,还直接借用和套用《唐风·有杕之杜》"生于道周"、"噬肯来游"[56]等现成诗句。可惜"宫馆徘徊"之"徘徊",仍露出了破绽。春秋时,一般用与之同义的"踟蹰"、"彷徨"、"方羊"等,如《邶风·静女》:"爱而不见,搔首踟蹰"[57];如《诗经·王风·黍离序》:"闵周室之颠复,彷徨不忍去,而作是诗也"[58];如《国语》卷十九《吴语》:"王亲独行,屏营彷徨于山林中"[59];如《左传·哀公十七年》:"如鱼窥尾,衡流方羊,裔焉大国,灭之,将亡。"[60]"徘徊"一词晚出,到战国中期才见于《庄子·盗跖》、屈原《远游》、《荀子·礼论》等篇中。汉代以后,该词的使用频率始大幅增升,限于篇幅,不拟展开。

综上所述,《哀慕歌》可以确定为东汉至魏晋这一用韵宽泛时期的产物。因此,它不载于《诗经》,而经由陈代释智匠的《古今乐录》一线单传,以迄于今,自然也在于情理之中了。

附记:近读商务印书馆据该馆1937年原版重印的《中国韵文史》一书,见作者泽田总清原在《中国韵文的起源》一章中谈到:"有说是王季所做的《哀慕》之歌,见于《古今乐录》,但很可疑,学者都说大约是魏晋时的作品。"本文的观点与之相合。惟作者未列举任何凭据予以论证,使人不明其出处。特附识于此。

参考文献：

[1][2]《太平御览》卷五七一《乐部九·歌二》第三册第2582页，中华书局1985年据上海涵芬楼影宋本印行。

[3]《风雅逸篇》卷前，丛书集成初编本，中华书局1985年新1版。

[4]《风雅逸篇》卷末第81页，丛书集成初编本。

[5]一见于卷一第6页《乐曲名解》条，一见于卷二第23页《古今乐录》条，丛书集成初编本，中华书局1985年新1版。

[6][7]明张四维《古诗纪原序》，见明冯惟讷《古诗纪》卷首，文渊阁《四库全书》本。

[8][9]汉司马迁《史记》第五册第1445页，中华书局1973年排印本。

[10]南朝宋范晔《后汉书》第十二册第3491页，中华书局1973年排印本。

[11]清光绪《无锡金匮县志》卷三二《艺文》，光绪辛巳（1981）刻本。

[12]清钱大昕《元史艺文志序》，八史经籍志本，光绪九年（1883）镇海张寿荣刊本。

[13]清姚振宗《隋书经籍志考证》卷五《经部五·乐类》，快阁师石山房丛书本，1936年上海开明书店排印。

[14]清马国翰《玉涵山房辑本序》，光绪十年（1884）楚南书局刊本。

[15]唐徐坚等《初学记》，中华书局1982年版，查此书中共引陈释智匠《古今乐录》十二条，卷十五为四条，卷十六为八条。

[16][18]清姚振宗《隋书经籍志考证》卷五《经部五·乐类》。

[17]《黄氏逸书考》，清黄奭辑，原名《汉学堂丛书》，民国间朱长圻据黄氏原版补刊印行时改名。

[19]《大雅·文王之什·大明》二章，黄侃手批白文十三经本，上海古籍出版社1983年1月影印。

[20]《大雅·文王之什·皇矣》三章，黄侃手批白文十三经本。

[21]东汉班固撰、清王先谦注《汉书补注》上册第869页，中华书局1983年据清光绪二十六年（1900）虚受堂刊本影印。

[22]《汉书补注》上册第507页。

[23]东汉何休《春秋公羊传》，四部备要本，上海中华书局1936年排印本。

[24]《礼记·王制》，黄侃手批白文十三经本。

[25]《国语》上册第9—10页，上海古籍出版社1988年排印本。

[26]《论语·为政》，黄侃手批白文十三经本。

[27]《论语·阳货》，黄侃手批白文十三经本。

[28]《礼记·经解》，黄侃手批白文十三经本。

[29]《史记》第六册第1936页。

[30]《论语·子路》，黄侃手批白文十三经本。

[31]清孙诒让《墨子间诂》卷一二《公孟》第275页，上海书店1992年版。

[32]清段玉裁《六书音韵表》第34—68页，中华书局1983年据经韵楼丛书重印。

[33]夏炘《诗古韵表二十二部集说》二卷，音韵楼丛书本，1928年刊。

[34]周祖谟《问学集》上册第218—269页，中华书局1986年版。

[35]王力《汉语语音史》第51—60页，中国社会科学出版社1985年版。

[36]唐作藩《上古音手册》，江苏人民出版社1982年版。

[37]王力《清代古音学》第129页，中华书局1992年版。

[38][39]见《六书音韵表》三第31页。

[40]清江有诰《〈诗经〉韵读》卷前，江氏音学十书本，1934年刊。

[41]王力《清代古音学》第83页、第215页。

[42]《清代古音学》第246页。

[43]王力主编《古代汉语》第四册第1510页，中华书局1981年修订版。

[44]明陈第《毛诗古音考自序》，丛书集成初编本，中华书局1991年新一版。

[45]《清代古音学》第81页。

[46]王力《古韵分部异同考》："顾氏（炎武）以侯归鱼，江氏永以侯归幽，段氏（玉裁）侯部独立，则知侯介乎鱼幽之间也。"载《龙虫并雕斋文集》第一册第63页，中华书局1980年版。

[47]《切韵》，隋陆法言著，成于仁寿元年（601），今佚。

[48]《六书音韵表》第15页。

[49]王力《龙虫并雕斋文集》第一册第57—58页。

[50]王力《古代汉语》第四册第1510页。

[51]《六书音韵表》第17页《音韵随时代迁移说》。

[52]王力《汉语语音史》第82页。

[53]《乐府诗集》卷八四《杂歌谣辞》第四册第1188页。

[54]郭锡良等编《古代汉语》下册第917页,北京出版社1983年版。

[55]《乐府诗集》卷三七《相和歌辞十二·瑟调曲二》第二册第550页,中华书局1979年版。

[56][57][58]《黄侃手批白文十三经·毛诗》。

[59]《国语》下册第598页。

[60]杨伯峻编著《春秋左传注》第四册第1709—1710页《哀公十七年》,中华书局1981年版。

读吴杂记

陈 益

"上有天堂,下有苏杭"

美国前总统尼克松访华时,曾经让人提供一句不受时空限制的中国谚语,他得到的是这么一句:"上有天堂,下有苏杭。"

元代词人奥敦周卿写过一首《双调蟾宫曲》:"春暖花开,岁稔时康。上有天堂,下有苏杭。"这是最早将丰饶的江南水乡比作天堂的。但也有人认为,唐代诗人任华《怀素上人草书歌》中的诗句"人谓尔从江南来,我谓尔从天上来"比他还要早。早,往往就能成为权威。

白居易有机会在人间天堂做官,不由自主写了许多赞美的诗篇。任杭州刺史时,他就对身为越州刺史的元稹夸口:"知君暗数江南郡,除却余杭尽不如。"后来任苏州刺史,又说苏州"甲郡标天下,环封极海滨"。后来将苏、杭并称,颇以曾为"苏杭两州主"而感到自豪。晚年回到北方,更是对苏、杭二州念念不忘。

苏州和杭州受到如此推崇,无疑与繁荣富庶有关,当然也离不开美丽如画的山水。苏州和杭州确是作为江南的代表而享誉天下的。

单之蔷在《江南是怎样"炼"成的》一文中说:

每当北方的游牧民族挥师南下,中原的汉政权无法抵挡之时,江南就是偏安之地。江南使中华文明避免了灭绝的命运。皇帝都被掳走,国家和文明还能存在,如北宋的"靖康之耻"。这全赖江南也。江南是中华文明的"避难所"、大后方。中华文明就像候鸟，当严冬来临，就迁到了江南，每当春天来临，又飞往北方。杜牧有诗"江东子弟多才俊，卷土重来未可知"，这句诗赠给中原的汉文明是很贴切的。中原的汉文明在与游牧民族的拉锯战中，正是靠退居江南，休养生息，待羽翼丰满，而又卷土重来的。历史上许多古老的文明都是在游牧民族的铁蹄下灭绝了，幸运的是中华文明五千多年来绵绵不坠，是因为我们有江南。

而每一次游牧民族的南向牧马，汉文明的衣冠南渡，都是对江南的一次开发、拓展和提升，也是对江南这个概念的锤炼。正是在这一次次的锤炼中，江南长大了，成熟了，江南的形象越来越鲜明了。

从这个意义上说，不同文化的冲撞与交融，恰恰是历史螺旋式上行的动力。"上有天堂，下有苏杭"，看来也不是平白无故地冒出来的，而是数千年孕育的结果。

泥土修筑的金字塔

太湖流域广袤的原野上，散落着许多土墩。似山，似陵，气势不凡。这，其实是良渚文化时期的祭坛，用泥土修筑，被考古学家们称作"中国的土筑金字塔"。四千多年前它们诞生时，尼罗河畔的埃及人也在修筑金字塔。

当时，人们先是在居住地中心部位开挖一条环形河道，将河道中掘出的泥土堆筑祭坛，接着在外围又挖出一条环形河，泥土继续运到中央，增高祭坛，堆筑墓地；再在内河和外河之间开挖许多小河道，将泥土加固墓地。为了节省劳动成本，他们也利用一些自然河道。于是，一个水城形成了。这是江南古城的滥觞。

浙江余杭良渚古城，南面和北面是天目山的支脉，东苕溪和良渚港分别由南北两侧向东流过。20世纪80年代，考古工作者在良渚古城中部发现了莫角山巨型台址和反山墓地，在城外北偏东五公里处发现了瑶山墓地，出土了大批最高等级的良渚文化玉琮、玉璧等礼器。总面积达二百九十多万平方米的良渚古城是一座水城，一共发现了六座水门。

吴淞江畔的古镇千灯，有一处少卿山。这也是一座良渚文化时期人工堆筑的土台。考古工作者在土台北侧发现了房屋遗址。生活面上，留有黑皮陶豆、圈足盘、罐和彩陶杯以及砺石和石鱼标。黑灰中还淘洗出碳化稻谷和植物种子。基础面，是在红烧土块上垫多层黑灰和黏土堆筑而成的。两段墙体，一段在东面，南北向,保存长约三米;另一段在西南面,保存长约一米半。仔细分辨,可以看出先人们是用两根竹子或芦苇并排为经线,五根竹子或芦苇并排为纬线,交叉编织。经线分为上下排,一隔一错开,匀称、美观、实用。编织好以后埋进土里二十厘米左右,中间隔一段距离竖立一根木柱,用以固定,然后抹上黏土,干结以后,就成了墙体。千万不要小看了它,这可是江南有史以来最早的墙体。结实的红烧土,正是砖的雏形。

"国之大事,在祀与戎"(《左传·成公十三年》)。在良渚文化时期,一国即一城,一城即一国,城更多地具有祭祀功能。有水城,也有陆城。常常是一墩聚居一族,即形成一个原始城市,甚至一个古国。千万不要低估了先人的智慧,那个古国林立的时代,官制、农业、水利、医药、土地丈量、天文历法乃至文字,都已取得了开拓性的成就。

吴＝鱼

简化的吴字,为"天"字上顶着一个"口"。按照许慎《说文解字》的解释,这是"大言",即大声说话。也有人认为是"哗"(吵闹)。在大小篆和钟鼎文中,吴的字体是一个侧着头颈的人形,张大了嘴巴,像呐喊,像诉说。甲骨文中有一个字也很像吴,文字学家却并不将它解释为吴,而说是一种爬虫。

七十年前,史学家卫聚贤先生曾经从字形、字义、字音等三方面,对"鱼"字和"吴"字作过考证。他认为吴字像鱼形,吴和鱼是相通的。吴人把鱼纹刻画在身上,与他们的图腾信仰有关。他们"常在水中,故断其发、文其身,以像龙子,故不见伤害"。

当时许多人说他论据不足,但今天这样的例子很容易能找到。周庄太师淀遗址出土的一件良渚文化黑皮陶壶壶肩上,镂刻着一个原始字符。那是一副清晰的鱼骨,一条抽象的鱼,同时又是一个"吴"字。它可以证明,在先民的眼里吴就是鱼,鱼就是吴。直到今天,在吴方言中,吴和鱼的读音仍然是不容易区分的。

很多人把泰伯、仲雍奔吴作为吴文化的开端。当年,从中原来到太湖流域的泰伯和仲雍成立了一个小国,"自号勾吴"。勾吴的含义是什么?专家学者们作了许多考证,或认为是勾国与吴国的合称,或认为是沿用了先吴族的族号,或说勾只是夷语的发声词,或说勾是实词,勾、工、攻都是干的音变,勾吴即干地之吴。一时众说纷纭。

勾吴,有勾画鱼纹、文身之意。数千年来,龙衍变为中华民族共同的图腾。其实,它是以龙图腾为主体的氏族,与角兽类、鳞甲类、蛇蝎类和凤鸟类图腾氏族等,汇合成的一个强大部落的族徽标志,其中也包括以鱼为图腾的氏族。龙是多源的。吴人的龙,是鱼的神化,或者说是神化的鱼。他们不仅在陶器上刻画鱼纹,还用鱼形文身,以像龙子,认为这样就能避开蛟龙(扬子鳄或蟒蛇)的伤害了。

泰伯、仲雍奔吴,在完成断发文身的仪式后,终于与当地的荆蛮人实现了文化认同。他们建立的以鱼为图腾的勾吴国被载入史册,成为吴文化(鱼文化)的始端。

泰伯为什么奔吴

那么,泰伯和仲雍为什么要不远千里地奔吴呢?

司马迁在《史记》中的解释,是他们为了遵从父王的旨意,将继承权让给弟弟季历,然后再传位给季历的儿子昌。泰伯和仲雍宁可不要王位,而去往几千里以外的荆蛮之地,与当地人一样断发文身,刀耕火种,显示了难能可贵的高风亮节。古往今来,研究吴史、吴文化者都取"让权说",极少有人提出疑义。

仔细想想,疑问却来了。从黄土高原的岐山到长江以南的太湖,即使走直线也有三四千里,路途遥远而又坎坷。兄弟二人带上随从,在荒无人烟的崇山峻岭、丛林草莽间踩出一条路来,绝非易事,遇到的困难必然会超出想象。假如身后有敌军追来,为求生欲望所驱使,或许会铤而走险;但为仁义道德计,似乎不必刻意历尽艰险,只要在离故乡不远的地方寻找生存之处,便可成全父王和季历。泰伯他们自幼生活在干旱少雨、刚直粗犷的黄土高原,突然来到温润潮湿、湖荡环绕的太湖流域,水土不服且不必说,语言、风俗、宗教和生活方式等,也都有很大差别。他们竟心甘情愿地遵从当地的风俗习惯,与荆蛮人一样,断发文身,以表示再也不回到渭水流域去。在这片荆蛮之地,与百姓一起引水入江,种植水稻,并授予礼仪,教化人民,赢得了百姓们的爱戴,被推崇为首领,及至创建了历史上第一个国家——勾吴。

缘由何在?其实是为了寻根,返回先祖的故土。寻根,是近几十年间涌现的寻找自我的思潮，寻根活动却古已有之。

太湖流域当时确是一片荆蛮之地。但，早在崧泽文化、良渚文化时期，这里已创造了辉煌的史前文明。尤其是距今五千多年的良渚文化时期，人类的生产、生活的范围已达到相当规模。那时的人们已经不满足于简单的生活方式，开始有了精神生活追求。在此基础上，原始宗教开始萌生，与之相适应的祭坛、巫觋和用玉、石打制的礼器相继问世，甚至出现了体现思维智慧的原始刻符文字和图腾纹饰。

然而，在距今四千年左右，有着蓬勃生命力的良渚文化突然消亡了，消亡的原因与自然环境的急剧变化有着深刻联系。良渚时期的许多文化因素却顽强地保留了下来，并影响着中原地区的文化。商周时期的璧、琮、兽面纹（饕餮纹）以及某些青铜器的形制明显带有良渚文化色彩，就是明证。

我们不难推断，泰伯、仲雍应该是被洪灾和战争逼迫，迁往北方的良渚先民的后代。恰恰是源于血缘的文化认同感，促使他们长驱数千里，来到先祖曾经生活过的地方——太湖流域，很快与荆蛮之地的人们融为一体。

走出荆蛮之地

江南最初确实是蛮野的。在三皇五帝时代，这里曾被中原华夏族称为"蛮夷之地"。蛮夷人的氏族部落，包括凿齿民、裸国民、雕题、羽民、汪芒氏等，有着共同的习俗，即断发、文身、雕题、凿齿。他们正是吴越先人。

所谓断发，是"额前为短发，髡顶，椎髻，盘于脑后"。断发与文身，具有宗教上的意义。太湖流域自古林木茂盛，土地卑湿，人类与龙蛇同居。断发文身，打扮得像龙子一样，就可以避免水患灾害。短发、椎髻，使吴越人在劳作时可以减少泅水的阻力，避免水草缠绕。

所谓雕题，是用丹青在额头上绘刻花纹。它与文身不同，并不刺破皮肤，只以颜色进行绘画。凿齿或黑齿，则是用草将牙齿染成黑色或者将牙齿拔除，形成黑洞。

太湖流域的某些城镇被称为"吴头越角"或"越头吴角"。地理位置的毗邻，不仅造成吴越人生活习俗相似，也使性格颇为接近。今天的人们难以想象，哪怕在汉代，吴越人的性格仍然是"轻死而易发"，十分果敢，并非现在的吴侬软语、清秀柔顺，呈现阴柔之美。究其根源，这种性格的形成，来自于吴越人长期对水的征服,与水的拼搏。吴越人冷静、机敏、富有冒险精神的性格,与生活在内陆的中原人的柔韧、敦厚、勇猛的性格颇不相同。

几千年前,吴越先民就用比画子船简陋得多的独木舟漂洋过海,从东南沿海前往日本、朝鲜和琉球群岛,寻求更广阔的生存空间。先民前赴后继,在历尽了艰难险阻以后,胜利地抵达彼岸,送去了吴越先人的稻种和制陶技术,沟通了最初的文化交流。

性格作为环境的产物,是可以改变的。随着稻作文化和自然经济的迅速发展,江南一带的农耕生活逐渐变得富裕起来,人们以自己的双手构筑起了自得其乐的"桃花源"。在经过了漫长岁月后,昔日的荆蛮之地,终于演变为温柔富贵之乡、锦绣繁华之地。尤其是自东晋以降,江南一改"吴王金戈越王剑"的形象,以蓬勃发达的经济与文化冠盖于全国。经由科举选拔不断涌现的名人学士,从江南走向全国各地,文风之盛,是其他地区远远不能比拟的。

这种情况下,当然不再需要"轻死而易发"啦。

史前的罗敷采桑

余姚河姆渡遗址出土过一件牙雕小盅,盅壁上竟然刻有四条家蚕,那形象宛若蠕动。而在这之前,吴江梅堰出土的黑皮陶器上,也已经发现了神态活泼的蚕纹。

考古学家们抑制着内心的兴奋,期待着、探寻着。不久,他们果然在湖州钱山漾良渚文化遗址中找到了四千二百年前的丝绸织物和其他纺织品——绢片、细丝带、丝线和麻布片、麻绳等,大部分都保存在竹筐里。这是迄今为止在中国发现的年代最早的丝织品。尽管年代久远,织物的经纬仍然清晰可辨。

钱山漾出土的纺织品,令人意外惊喜。在人们的心目中,原始编织物通常以轮纺线,以针引线,钱山漾出土的绢片却采用平纹织法,经线与纬线的密度都在每寸一百二十根以上,几乎与现代的一般丝织品差不多。这让人们有理由说,长江流域是丝绸发祥地,是世界丝绸之源。难怪,到了明代中叶以后,江南的纺织业迅速发展,以至很多城镇都享有"日出万绸,衣被天下"的美誉。

"罗敷善蚕桑,采桑城南隅。青丝为笼系,桂枝为笼钩……"汉乐府《陌上桑》描写美丽的女子罗敷,在采桑路上勇敢地奚落了一位不懂得尊重人的太守。

在江南水乡，手挽桑篮的女子罗敷，娉娉婷婷行走在太湖之滨的阡陌上，为家中团匾里蠕动的银蚕采集桑叶，却是在距今四千二百年前的岁月。

一条蚕，一根丝，这一古老而绵延不绝的产业，奠定了丝绸之路的历史辉煌。湖丝源远流长，从史前的罗敷起始，到三国时德清"永安丝"入贡，唐代吴绫与蜀锦齐名，汉唐盛世的丝绸之路更闪耀着美丽的身影。两宋，由鲁桑改良而来的"湖桑"推动了湖州桑基鱼塘循环经济的发展，缂丝技艺精湛成熟，丝织名品层出不穷。明清之际，伴随着南浔、双林等集镇的兴起，辑里湖丝以其"白、净、圆、韧"名扬寰宇。湖丝不仅广销国内官私织造，还远销海外，深受欧亚贵胄的青睐。

早于仪狄的美酒

江南鱼米之乡，由稻米酿制美酒，成为人们生活中不可或缺的部分，令人陶醉其间，是十分自然的。

晚唐诗人陆龟蒙和皮日休结为诗友，借酒助兴，相互唱和，一口气写下了《奉和袭美酒中十咏》。这些诗，包括《酒星》、《酒泉》、《酒篘》、《酒床》、《酒垆》、《酒楼》、《酒旗》、《酒樽》、《酒城》、《酒乡》。写完后意犹未尽，又作了《酒池》、《酒龙》、《酒瓮》、《酒船》、《酒枪》和《酒杯》六咏，几乎把江南酒文化都写尽了。

汉代刘向所著《战国策·魏策》上记载："昔者，帝女令仪狄作酒而美，进之禹，禹饮而甘之，曰：后世必有以酒亡其国者。"许慎在《说文解字》酒字条中，也有同样的说法。大致意思是夏禹叫仪狄去酿酒，仪狄经过一番努力后，酿出味道很好的美酒，就进献给夏禹，夏禹喝了，觉得确实美好。

但江南一带酿酒的历史，比史书上记载的早得多。江南的酒文化最早应该追溯到距今四千七百多年前。赵陵山、绰墩山、少卿山等遗址的出土文物表明，当时的先人们，在比良渚更早的崧泽文化时期，就改变了采摘野生植物充饥的习俗，开始人工种植水稻，过上了饭稻羹鱼的生活。当时他们已经懂得用稻米来酿酒。

上海青浦福泉山、常州淹城、浙江余杭等地的遗址，出土了很多良渚文化时期的酒器，有煮料用的陶鼎、发酵用的大口尊、滤酒用的漏缸、贮酒用的陶瓮，等等，也有各种饮酒器，如壶、盉、卣、杯等。先人们往往把稻谷放在水里浸泡，用旺火蒸煮，再发酵成酒醪。直到今天，江南一带人们仍然喜欢自制酒酿，温软，味甜，洁白细腻，稠状的糟糊可当主食，清亮的汁液近似酒。这跟先人制酒的原理是一样的。

《诗·小雅·南有嘉鱼》中有"南有嘉鱼，蒸然罩罩，君子有酒，嘉宾式燕以乐。南有嘉鱼，蒸然汕汕，嘉宾式燕以衎"的诗句；《诗·大雅·韩奕》有"韩侯出祖，出宿有屠，显父饯之，清酒百壶。其肴维何？炰鳖鲜鱼"的诗句。酒因鱼兴，鱼为酒友。鱼以起寄富乐之怀，酒以起和合之气。这才是江南。

饭稻羹鱼的人们，假如生活中离开了酒，不知该失去多少乐趣？

治病的玉石

战国时期的神医扁鹊，不仅善于切脉和望诊，还善于运用针灸、按摩、熨帖、砭石、手术和汤药等多种方法治疗病症。

有一次，他和弟子子阳、子豹等人路过虢国，见虢太子患了一种叫"尸厥"的病，人们都以为他死了，扁鹊却打包票说，我一定能够使虢太子起死回生。扁鹊让弟子子阳磨制针石，在虢太子头顶中央凹陷处的百会穴扎了一针。一会儿，虢太子就睁开了眼睛。接着，他又叫弟子子豹在虢太子两胁下做药熨疗法。不久，虢太子能坐起来了。再服二十天的汤药，虢太子竟完全恢复了健康。

于是天下人都觉得扁鹊有起死回生之术。扁鹊却说，其实虢太子没有真正死去，我不过是用适当的方法，把他救了过来而已。

扁鹊的针灸之法，流传至今，成为东方医学的重要组成部分。

在太湖流域的良渚文化遗址中，出土过一种尖锥针状的玉器。它的柄端没有钻孔，不能系带结绳，所以与锥形器——悬挂在胸前的坠饰或佩戴于腰间的饰物不同。这是砭针，一种用于刺激人体穴位治病的原始医疗工具。

相传伏羲时，先民已经发明了灸针，黄帝还曾经与岐伯、雷公讨论过医理。甲骨文中的"殷"字，似是一个人身腹有病，另一个人用砭针为他治病的形态。良渚先民生活在温热潮湿的地方，他们在学会使用透闪石、阳起石作玉料，精心制作祭器礼器的同时，也常常用玉石打磨成砭针，用来刺破痈疽，治疗毒疮，后来又渐渐懂得砭针还可以用来刺压经脉穴位，以缓解病痛。

砭针的出现，至少要比扁鹊早二千四百年。是良渚人开创了中国针灸的先河。

科学是神奇的，它仿佛一盏阿拉丁神灯，为我们这个地球创造了无数不可思议的奇迹。从原子弹爆炸到核能的广泛利用，从人造卫星到火星之旅，从杂交水稻到克隆绵羊，从移动通讯到人工智能……然而，这一切的根，却伸向筚路蓝缕的史前时代。继往开来，是生活中一个永远的主题。

鱼化龙

汉代画像石上，有伏羲、女娲交尾的形象。他们都是人面蛇身。描绘女娲补天的图案，也是在烈焰飞腾中拖着一条长长的蛇尾。这告诉我们，蛇构成了人类先祖的身躯。苏州民间也有说法，家里梁橼上出现家蛇，千万不要去惊动它。家蛇，是一种守护神。

女娲，是华族传说中的人类之母。传说宇宙开辟之初，唯有伏羲与女娲兄妹俩住在昆仑山。他们商议结为夫妇，以繁衍人类，又觉得是乱伦。不结合，却无以延续生命。于是他们向苍天祝告：假如山下的云烟合在一起，就是苍天允应我们结为夫妇，否则，就让云烟四处飘散。话音未落，云烟已经聚合。伏羲与女娲结合了，最初还有些害羞，用草编织成一面扇子，遮盖住脸庞，缠绕的蛇身却袒露无遗。

《山海经·海内南经》中，有关于巴蛇吞象的描述，说巴蛇吞象，三年以后才把骨头吐出来。君子吃了它，不患心腹病。这种蛇的颜色是青、黄、红、黑交织在一起。巴蛇的嘴巴究竟有多大？足可以吞下一头大象，三年以后才吐出骨头，胃口确实很惊人。俗语道："人心不足蛇吞象。"这是对贪婪的比喻。然而，小蛇欲吞大象，不正是壮志凌云、气概不凡吗？

在中国传统文化中，龙是一种能够呼风唤雨、腾云驾雾的威力无比的神灵，凌驾于天地之上。龙有九似：角似鹿，头似蛇，眼似兔，项似蟒，腹似蜃，鳞似鱼，爪似鹰，掌似虎，耳似牛，这恰恰意味着龙是在长期的历史演变中，各氏族部落的图腾逐渐汇聚融合成的形象，龙是多元一体的象征。

中国古砖瓦博物馆中有一件鱼化龙瓦当，瓦当上的纹饰描画着一条鲤鱼跳过龙门，渐次变成蛟龙腾空而起的情景。人们以此比喻中举、升官等飞黄腾达的事情，也蕴含逆流前进、奋发向上的意思。

在先人们的心目中，鱼和龙同族同种，龙是鱼衍化为神的最高境界。因此，人们往往从精神上依附于龙的图腾，在身体上刻画龙的形象，以求得龙的护佑。江南水乡，由于天天与水神打交道，船只的倾覆之灾随时都可能发生，人们便制造龙舟，并举行龙舟比赛，以躲避蛟龙。这种做法，全然是出于"同类不相残"的朴素观念。人成了龙子，水神当然不会来伤害了。

谁是防风氏

浩瀚的下渚湖，湖荡环拥岛屿，群山屏障碧水。湖边恣肆地生长着芦苇荷叶菱草，与岸上茂盛的树木构成层层叠叠的绿色阶梯。水云相连处，和尚山、扁担山、道观山以及叫不上名字的山岭绵延不绝，令人心生无限遐想。相传这里为"防风氏所居"。

远古神话中的防风氏，是鲧的治水伙伴。防，即挡水的土坝；风为土，为木妃，防风即堤土。"其长三丈"，"骨节专车"，是一位头枕山巅，脚搁坝上的巨人。鲧体型较小，以土填水。防风则以坝挡水。蓬头跣足的防风氏，又叫汪芒氏，甚至被认为是汪姓的始祖。他神通广大，举手摸来尘土能变山，双脚踏出深沟能建造堰坝，可是要应对连续不断的暴雨洪水，仍感到无比艰难。

古史传说，大禹治水获得了巨大成功，于是命令各路诸侯到会稽山召开庆功大会。但是，直至庆功会快结束时，防风氏才气喘吁吁地赶到。大禹很不高兴地询问原因，防风氏说，我接到通知后马上动身，不料碰到天目山出蛟，苕溪泛洪，根本无法渡河。这些日子大禹的耳朵里听惯了奉承话、颂扬话，在宠臣箫五的挑拨下，勃然大怒，竟以故意轻慢、不满施政为由，杀死了防风氏。

但，后来大禹终究弄清楚，防风氏赴会迟到，确实是由于天目山出蛟，苕溪泛洪，防风氏指挥部下救人、治水，忙得一连几天顾不上吃饭。大禹回想这些年防风氏跟随自己疏理湘溪、英溪、阜溪、塘泾河，开凿了下渚湖通往东苕溪的河道，风里来雨里去，立下了治水大功，自己却怪罪于他，真是懊悔莫及。于是下令敕封防风氏为防风王，在防风国建造防风祠，供奉神像，每年八月廿五让百姓祭祀，并载入夏朝祀典，传之后世。他还参加了第一次祭祀仪式。

大禹诛防风的神话，产生于距今四千一百年前后。那时由于连续三次九星地心会聚，导致全球气候恶劣，灾害群发，洪水肆虐。关于洪水的恐慌衍化为许多国家神话的题材。防风国一带也是水患不断。防风氏被诛杀，不仅是上演了悲剧，更折射出了自然生态严重破坏之际不同氏族间的斗争。只是，人们自古以来将大禹尊为英雄，也就很容易原谅他的过失，却把同是治水英雄的防风氏遗忘了。

所幸，历史记住了他。《国语·鲁语下》载："昔禹致群神于会稽之山。防风氏后致，禹杀而戮之，其骨节专车。"《叙异记》卷上也有记载："今吴越间防风庙，土木作其形，龙首牛耳，联眉一目。昔禹会涂山，执玉帛者万国。防风氏后致，禹诛之，其长三丈，其骨头专车。今南中民有姓防风氏，既其后也，皆长大。越俗，祭防风神，奏防风古乐，截竹长三尺，吹之如嘷，三人披发而舞。"

位于下渚湖景区内的防风祠，始建于距今一千七百多年前的西晋。经历了漫漫岁月的风霜雨雪，屡圮屡建。祠堂内，供奉着治水英雄防风氏。每年秋天的祭奠日，人们都会在这里举办盛大的祭奠仪式，祈求风调雨顺，穰穰满家。先是官祭，经过"埋膋"、"起膋"、"致祭"等仪式，然后出殿巡行。庙会广场上旌旗招展，台阁、高跷、马灯，以及钢叉、顶缸等、各路武术，纷纷亮相，吸引无数沿途观者。

从古防风国所在地往南不多远，就是余杭良渚镇地界了，标志着太湖流域灿烂的史前文明的良渚文化以之命名。良渚文化时期，一国即一城，一城即一国，城更多地具有祭祀功能。有水城，也有陆城。常常是一族聚居，即形成一个原始城市，甚至一个古国。显然，今天的下渚湖与典籍中"汤汤洪水滔天，浩浩怀山襄陵"的描写，与防风氏的治水生涯是十分契合的。

清代戏曲作家、诗人洪昇是杭州人，晚年归回故乡，曾游览古防风国，留下了一首脍炙人口的五言律诗："地裂防风国，天开下渚湖。三山浮水树，千巷划菰芦。埏埴居人业，渔樵隐士图。烟波横小艇，一片月明孤。"非常形象生动地描绘了防风国和下渚湖的山水风光、人文历史和民俗风情。"地裂防风国，天开下渚湖"这句诗的深处，蕴藏着地理变迁的密码。

"尚四"与甲乙丙丁

中国传统文化中，有一种"尚四"的精神。人们在对许多事物做概括时，往往喜欢用四这个序数，比如春夏秋冬称为"四季"，士农工商称为"四民"，经史子集称为"四库",纸砚笔墨称为"文房四宝",东西南北称为"四方",《论语》、《大学》、《中庸》、《孟子》称为"四书"。我们脚踏的大地是四方的,头上的星辰有四七二十八宿,我们写的汉字是四方的,文章有骈四俪六,文房有四宝,在家要学四书五经,出门要讲四海为家……凡此种种,还可以举出很多例子。

那么,"尚四"精神究竟渊源于什么呢?

答案很有趣,与鱼有关。

甲乙丙丁,这四个中国人最常见的序数,其实是与鱼密切相关的。甲,本意是指鱼鳞;乙,本意是指鱼肠;丙,本意是指鱼尾;丁,本意是指鱼眼。这是著名考古学家郭沫若先生在他的《甲骨文研究》一书中所提出的观点。

我们从象形文字的角度看,出现于人类原始社会渔猎时期的这四个序数,果然与鱼身之物十分近似。根据郭沫若先生的研究不难想象,刚刚走出蒙昧时期的先人们,对于繁复的世界还认识不够,在水乡捕鱼的数字,只限于甲乙丙丁四个序数的概念,也就是说还只会数第一(甲)、第二(乙)、第三(丙)、第四(丁)。如果捕到的鱼类数量很多,他们也还是以甲乙丙丁来重复计算。

在五千多年前,鱼就是先人们朝夕相处又赖以生存的生物,从鱼身生发出来的甲乙丙丁决定着人们的计数模式,进而影响各种情况下思维方式,所以"尚四"精神也就很自然地形成了。

到了后来,随着社会的进步和文化传播的发展,人们才创造了表示兵器的戊己庚辛壬癸,并且合并成十个天干,以表示序数,又以子、丑、寅、卯、辰、巳、午、未、申、酉、戌、亥等十二地支,相互配合成六十甲子,用为纪历之符号。

除了"尚四",江南水乡也有"尚五"、"尚九"和"尚三"的传统,这些无疑都与生产和生活方式有极大的联系。

仓颉造字前的文字

黄帝时代,"双瞳四目"的奇人仓颉诞生了。他仰观星象圆曲之势,俯察龟纹、鸟羽、山川,乃至手掌纹路,终于造出了文字。

在江南,在太湖流域考古中,不少良渚文化遗址出土了带有记事符号的陶器。这些符号被称为"原始字符",很接近文字,却早于仓颉造字的年代,足足比甲骨文早了一千年。

最早发现字符的,是考古学家何天行。1935年,他在良渚遗址发现了刻有十几个符号的黑陶盘,其中七个符号在甲骨文中有同形字,三个在金文中有同形字。近年来,浙江良渚博物院组织专题研究工作,收集到器物五百多件,有刻符六百多个。一些刻符一眼就可辨别出花、鸟、龙虾、鳄鱼、毛毛虫的形状。有一个图案像是咬了一口的苹果,令人联想起乔布斯。

良渚刻画符号中最著名的,是澄湖遗址出土的贯耳黑陶罐,腹部并列刻有四个被李学勤先生释为"巫钺五俞"的符号。这四个字符"如果自左至右读,它们似乎记录了距今四千多年左右的澄湖地区一个以鱼为图腾的强大的部落联盟,曾经征服吞并了许多与之毗邻的擅长造船的氏族这样一个重大历史事件;如果自右至左读,这似乎是一个以鱼为图腾的部落曾经制造了一批玉戚的记录"。他认为,这是我国迄今发现的最原始的文章。

美国哈佛大学赛克勒博物馆收藏的一件黑陶贯耳壶,圈足内壁刻有多字陶符。饶宗颐先生考释道,这是有关古代奇肱民的记载,并认为已相当成熟,与甲骨文为同一系统,其重要性可想而知。

玉器上刻画的单个符号,主要是与陶文"炅"有关的符号,如美国弗利尔美术馆收藏的一件筒形玉琮和中国历史博物馆收藏的一件玉琮上,所刻的字符上边为"日"形的圆圈,下边为"火"形的符号。上海博物馆收藏的一件玉琮上,刻有"火"形的符号。

汉字是独立起源的一种文字体系,不依存于任何外族文字而存在,但它的起源不是单一的,是经过了多元的、长期的磨合。大概在进入夏纪年之际,先民们在广泛吸收、运用早期符号的经验基础上,创造性地发明了用来记录语言的文字符号系统。

当东方文明的曙色刚刚吐露,先人们揉揉惺忪的眼睛,走出懵懂,迎接黎明时,以刻画字符表达内心的感觉,无疑是很大的进步。一个字符或许含有不同的意思,缺乏明确的指向,还不能称作真正的文字,但无论如何,史志不曾记载的"前仓颉",有开天辟地之功。

独木舟如何东渡美洲

河姆渡、跨湖桥、淹城、绰墩山等史前遗址,曾先后发现由整段树木凿成的独木舟。刳木为舟,意味着我们的先民早就宣告了对河流的征服,在战胜波浪的同时,也战胜了内心世界滋生的畏葸和恐惧。

小小独木舟究竟能行多远?

越来越多的研究证明,独木舟击水穿浪,漂洋过海,甚至能东渡美洲。中外学者根据出土的玉器、石雕和有关文字解读,提出了许多假说和推断,称发现于美洲东海岸的美洲最早的文明——奥尔梅克文明,与商代末年武王伐纣后原来归属商朝的殷人渡海远逃有关联。奥尔梅克文明时期的文字,有不少与中国的甲骨文十分接近,这不能不让人思索它们的渊源关系。

有人大胆推想,在比殷商还要早一千多年的良渚文化时期,我们的先人就乘坐独木舟,从吴越地区出发,经过朝鲜半岛、日本群岛、千岛群岛、阿留申群岛,再由阿拉斯加半岛沿海岸行驶,直抵中美洲大陆,和那儿的印第安文化相融合。

当年,先民们选择一棵粗壮的树木,把它砍伐下来,摆在太阳里晒干、风里吹干。砍凿的工具除了石器,还有火。人们常常用火石敲打出火苗,点燃树枝,烧烤树身上需要挖掉的地方,把那儿烧焦。有些必须保留的地方,则涂上一层潮湿的泥浆,火苗烧到那里,就退却了。

烧焦、凿挖,凿挖、烧焦,要反反复复经过不知多少次,耗费很多精力,一棵大树才渐渐凿成了独木舟。这样的独木舟,只有一人宽,但除了乘人,还可以摆放一些东西。稳稳当当地行驶在湖面上,不怕倾翻。于是,先人们像水禽一样漂过宽阔无边的湖面,到处漂泊。船儿一旦被人们所创造、所驾驭,它就超越交通和生产的职能,笼罩上浓郁的文化气息。

在苍茫无际的海面上,驾驭着孤零零的独木舟,需要多么坚忍不拔的毅力和超人的勇气。在"食海物自活"的环境里,他们已经能够捕捉到蓝点马鲛——一种游动迅速的外海鱼类,用以充饥。多少个日日夜夜的漂流,还有比饥饿、寒冷、孤独严重得多的困难,死神的阴影时刻相伴。然而,先民们在历尽了艰难险阻以后,胜利抵达彼岸,沟通了海洋两岸最初的文化交流。

船,在很早以前就是一种开拓精神的象征。直到现在,沿海地区的人们仍然比内陆地区的人们更早地进入世界经济文化大循环,更早领风气之先。

寻味古吴

朱 军

"饭稻羹鱼",这是一个常用来描绘苏州人食馔的一个成语。吃饭以稻米为主,而吃菜则以鱼族水产为主,这种江南特有的鱼食文化传承,至少可向上追溯至春秋时期。在那时,苏州的老祖宗们就已经研创出了"鲊、炙、鲙、羹"等不同的美味鱼食的加工方法,直至今日,在我们的餐桌上,仍然不难看到它们的身影。

在文献记载中,"鱼鲊"应该是苏州最古老的鱼食品种,其源可溯至春秋时期吴王阖闾的爷爷吴王寿梦时期,迄今已达两千八百年。在明代万历年间成书的《夜航船》中记道:"禹作鲞,吴寿梦作鲊,神农诸侯夙沙氏煮盐。"书中把吴王寿梦创制"鲊"等同到了大禹所创制"鲞"的高度,鲊的地位之重,可见一斑。

"鲊",在《辞海》中有二解,一解"海蜇",二解则是"经过加工后的鱼类食品,如腌鱼、糟鱼之类"。北宋年间的诗人蔡宽夫在点评时任苏州知府白居易的"就荷叶上包鱼鲊,当石渠中浸酒瓶"的诗句时曾有加注:"吴中作鲊多用龙溪池中莲叶包,为之后数日取食,比瓶中气味特妙,观乐天诗盖昔人已有此法也。"后来在王鏊的《姑苏志》中也有"鱼鲊出吴江,以荷叶裹而熟之,味胜罂缶,名荷包鲊"的记载,不难想象当年吴王寿梦所创制的"鲊"显然就是后者,也即今人还常食用的糟鱼、咸鱼这一类腌制品。如果《齐民要术》所述的"鲤鱼切片,撒盐,压去水,摊瓮中,加饭(已拌有茱萸、橘皮与酒)于其上,一层鱼,一层饭,以箬封口",这种加工鱼鲊的办法在吴地也适用,那么就可以进一步细分一下,吴王寿梦所创的鱼鲊,似乎就是苏州人非常熟悉的"醉鲤片",而其味之美,素为历代苏州人所津津乐道。在《清异录》中有一道"玲珑牡丹鲊"的记载:"吴越有一种玲珑牡丹鲊,以鱼叶斗成牡丹状。既熟,出盎中,微红如初开牡丹。"虽不知其味,但看来确实像是用"醉鲤片"所成。

"专诸炙鱼"是苏州流传最广的美食故事之一。吴王僚七年(前522),伍子胥为取得阖闾(时称公子光)的信任,把堂里勇士专诸推荐给了公子光。到吴王僚十三年,公子光趁吴国伐楚失利,大军被困楚国而导致国内兵员匮乏的机会,投吴王僚"好嗜鱼之炙"的所好,嘱专诸前往太湖公(一作太和公)处精心研习炙鱼的技能。学成后,公子光出面摆下宴席,邀吴王僚前来品尝"太湖炙鱼"。吴王僚虽疑有诈而防范缜密,但却未料到专诸会在鱼腹中藏剑。酒酣之际,专诸借着上菜的机会"手匕首刺王僚,铍交于胸,遂弑王"。这段故事后来被西汉年间的司马迁编入了《史记·吴太伯世家》,再后来又被东汉年间的赵晔收入了《吴越春秋》,再后来又被明代的冯梦龙写入了小说《东周列国志》。随着先人们绘声绘色的文学加工,"专诸刺僚"也成了吴地一个脍炙人口的故事。可惜,在先人们的著作中,我们读到的更多的是专诸的"刺",而对于"炙"和"鱼",却仍是知之甚少。

"炙",好理解,按照南北朝时期所著的《颜氏家训》所释:"火傍作庶为炙字,凡傅于火曰燔,母之而加于火曰炙,裹而烧者曰炮。柔者炙之,乾者燔之。"所谓"炙",意思就是将鱼置于明火烧烤,烤成的效果就是今下所说的"外焦里嫩,外脆里香"。但是"鱼",解读起来似乎没那么直接了。坊间有一说,名声遐迩的"松鼠鳜鱼"就是脱胎于"专诸炙鱼",因而当年专诸所炙的就是鳜鱼。此说笔者未见考证,但在北魏年间所著的《齐民要术》卷九《炙法》中见有两条"炙鱼"的记载。其中一条的刀法似乎和"松鼠鳜鱼"相类似:"炙鱼:用小鲭、白鱼最胜。浑用。鳞治,刀细谨。无小用大,为方寸准,不谨。姜、橘、椒、葱、胡芹、小蒜、苏、榄,细切锻,盐、豉、酢和,以渍鱼。可经宿。炙时以杂香菜汁灌之。燥复与之,熟而止。色赤则好。双奠,不惟用一。"大意谓:炙鱼用小一些的白鱼最好,整条鱼去鳞洗净后,用刀细细开出柳叶刀花纹,如没小鱼,大鱼也可以。然后放在各种调料调和的渍水中浸泡一夜,炙的时候先把杂香菜汁灌入鱼腹,反复炙烤直至鱼熟,炙时要注意两面翻身,不可一面多炙,一面少炙。依据作者贾思勰的描述,这"刀谨细"倒是颇合今日"松鼠鳜鱼"的工艺,只是这道菜选料要是小白鱼,这和鱼腹内藏剑的情节似乎不太相合,而且鳜鱼肉身浑厚,用来"炙"显然不是太合适。

另一条记载则是"酿炙白鱼"："白鱼长二尺，净治，勿破腹。洗之竟，破背，以盐之。取肥子鸭一头，洗治，去骨，细锉；酢一升，瓜菹五合，鱼酱汁三合，姜、橘各一合，葱二合，豉汁一合，和，炙之令熟。合取从背、入著腹中，弗之如常炙鱼法，微火炙半熟，复以少苦酒杂鱼酱、豉汁，更刷鱼上，便成。"大意即为选用长达两尺许的大白鱼，活杀，洗后调料拌匀起火"炙之令熟"，然后在把这已经烤熟的鸭肉塞入白鱼腹中，用铁钎串起，上小火炙之半熟，用刷子把配置好的酱料抹在鱼身上炙烤至熟。工艺如此之烦琐，这倒也能合了《吴越春秋》中"专诸乃去，从太湖学炙鱼，三月得其味，安坐待公子命之"的推断。

无疑，这道"酿炙白鱼"给人留下了很大的想象空间，在范成大的《吴郡志》有记："日暮时，白鱼长四五尺者，群集湖畔浅水中"，可知白鱼体型较大，而太湖野生鳜鱼虽然也有四五斤重的大鱼，而苏州人历来就有"七两的鲫鱼一斤的鳜"的俗语，意指太大的鳜鱼并不算奇珍。另外，鳜鱼身段相对白鱼要显得体短身厚得多，显然不太适宜将剑藏入腹中而不落痕迹。根据《吴越春秋》所描写，专诸刺僚时一剑"贯甲达背"的凶狠，这剑长少则也应该有一尺多，藏身于体型修长的白鱼腹中才显合理。

至于专诸刺僚时所用的"鱼肠剑"名最早出现于《吴越春秋》一书。顾名思义，此剑应该细而狭长，锋利无比。可惜，几乎所有的文献中都没有对这把剑做出描写，多数沿用《左传》一书中所说的"匕首"。在《梦溪笔谈》中，沈括把它解释为所谓的鱼肠其实是匕首上的花纹，其纹饰就如把烤干了鱼剔去肋骨后所见的鱼肠形状。以笔者之见，倒是比较认同清代史料笔记《广东新语》卷十六《器语》中所说"古有鱼肠剑，屈曲如环"的形容，一剑刺去，犹如螺丝钉一般直旋而入，否则很难出奇制胜，毕竟吴王僚不但是位勇猛强健的勇士，而且赴宴时身上还穿着唐猊甲，一般的匕首恐怕很难一击而中。

在春秋吴国菜中，最令人难解的鱼菜莫过于"鲙"了。《吴越春秋》中说：伍子胥班师回朝，"吴王闻三帅将至，治鱼为鲙，将到之日，过时不至，鱼臭。须臾，子胥至。阖闾出鲙而食，不知其臭。王复重为之，其味如故。吴人作鲙者，自阖闾之造也"。按其所说，阖闾把已经发臭变质了鱼再重新烹制了一下，因而成了吴地名肴"鱼鲙"的创始人，这不免让人联想起了近年来在苏州风头益进的那道"臭鳜鱼"。臭鳜鱼的制作流程大致为先将新鲜鳜鱼洗净、去鳞，剪开鱼肚抹上盐，然后放在木桶里面六七天，鱼体便发出似臭非臭的气味。烹制时洗净臭卤，各在两面剞出刀花，先煎后烩，成菜后似臭非臭，吃口醇滑爽口，肉质鲜嫩，不失为一道佳肴。然而，在《姑苏志》中有着一道完全不同的鱼鲙做法："水晶绘（《苏州府志》作鲙），以赤尾鲤净洗鳞去涎水，浸一宿，用新水于釜中慢火熬浓，仍去鳞滓，待冷即凝，缕切，沃以五辛醋味最珍，俗'云牒子'。"这看起来多少有些像是"羊糕"的做法和吃法，烧的是本色，吃的是本味，但和阖闾所造的鱼鲙似乎相距甚远。

范成大在《吴郡志》还引用了《吴地记》中的故事，说是阖闾十年（前505），国东夷人（越国）水师由海上"侵逼吴境"，阖闾率吴国水师出海御敌于现在的苏州唯亭镇（时称夷亭）。那时这一片还是海，两军在海上对峙了一个月，僵持中海上连起大风浪，两军给养均告罄。阖闾焚香作告，求来了无数条黄澄澄的海鱼，吴军因而"食之美，三军踊跃"大获全胜，而一条海鱼也没抓到的越国人只能"献宝物，送降款"，俯首称臣。来而不往非礼也，收了人家宝物的阖闾，也惠赐了一份"大礼"，命人将吃前番剩下的鱼肠鱼鳔（雅称鱼肚）泡在盐水里当了回礼。阖闾班师后，忽然又想要吃这些黄澄澄的海鱼了，手下人只好送上风干了的干鱼片，谁料想，风味更胜新鲜鱼，阖闾不由得大喜过望，提笔把"美"的下面改成了"鱼"，于是一个"鲞"字便诞生了，与此同时，阖闾又因这种鱼的鱼头里有块类似石头的东西，将鱼命名为"石首鱼"，鱼干则称作为"鲞鱼"，后世苏州人又把虾籽和鲞鱼结合在了一起，沿承至今就成了时下大名鼎鼎的苏式"虾籽鲞鱼"。

《楚辞》中也有一道古吴的经典菜："陈吴羹"，在《招魂》一节中，咏道："肥牛之腱，臑若芳些。和酸若苦，陈吴羹些。"其原料选用上好的牛腱子，据东汉人王逸所注："言吴人工作羹，和调甘酸，味若苦而复甘也。"其味应该类似于今日的"酸辣汤"，只是原料更为讲究，选用的是上好的牛腱子肉，文火焖烂，其鲜美或如南宋范成大所言："世间尤物美恶并，江乡未用夸吴羹。"而这道"陈吴羹"同时还兼具主食的功能，陆龟蒙《五歌·食鱼》就说："且作吴羹助早餐，饱卧晴檐曝寒背。"这倒是让人很容易联想起当下也颇受人欢迎的"雪菜肉丝咸泡饭"。

有道是"今人不知古人味"，在故纸堆里寻找美味，似乎有些无聊。但无聊也不一定就代表没有意义，梳理一下，至少能知道吴地美食其实早在古吴时代已经到达了至臻至善的境界。

有关泰伯、仲雍、季札之楹联赏析

王家伦

泰伯、季札之让,季札之诚信,使吴文化流光溢彩。吴文化的发源地长江三角洲一带,苏州、无锡都有泰伯庙,泰伯墓在无锡鸿山,仲雍墓在常熟(现属苏州)虞山,季札祠堂与墓在无锡江阴(现属无锡)申港,另有季子庙在丹阳(现属镇江)九里村。古往今来,为泰伯、仲雍与季札撰写的楹联数不胜数,笔者近日亲临以上六处,收集此六处目前能看到的三十九副楹联,试赏析如下,一家之言,求教大方。

一、苏州泰伯庙楹联赏析

早在东汉永兴二年(154),苏州郡守麋豹就在阊门外建庙,以奉祀泰伯。后梁乾化四年(914)吴越王钱镠徙泰伯庙于阊门内下塘。北宋元祐七年(1092)诏号至德庙。近千年来,屡毁屡建,但香火不绝。1982年,泰伯庙被公布为苏州市文化保护单位。2014年5月,泰伯庙经部分整修后向公众开放,如今的苏州泰伯庙,主建筑共两进,有楹联四副。

第一进为仪门,额为"泰伯庙",门前联曰:

"让三固是周天下,第一初开吴世家。"

"让三",即泰伯三让王位;"固是",本来就是;"周天下",指泰伯三让王位造就了周家天下。"第一",司马迁《史记·世家》中第一家就是"吴世家",也就是说,司马迁将"吴"列为"天子"以下的第一诸侯,可见泰伯在周朝建立中的重要地位。上下联之间为因果关系,因为有了"让三",所以才有"第一"。此联先声夺人,参观者一进门,就能感受到泰伯的不同寻常。当然,以"吴"对应"周",平仄上不协,但囿于内容,也只得迁就了。

第二进就是正殿,额为"至德殿"。门外联曰:

"肃肃清祀,烝烝孝思,让此丕基,虔恭在兹;昭昭至德,奕奕流芳,神祈蚤降,祝嘏陈辞。"

唐魏徵《享太庙乐章·永和》曰:"肃肃清祀,烝烝孝思。荐享昭备,虔恭在兹。雍歌撤俎,祝嘏陈辞。用光武志,永固鸿基。"显然,此联脱胎于这首祭祀歌曲。上联中,"肃肃",恭敬的样子;"清祀",古代十二月腊祭的别称;"烝烝(zhēng zhēng)",在此处指孝德之厚美;"孝思",孝亲之思;"丕基",巨大的基业,唐张绍《冲佑观》诗曰"赫赫烈祖,再造丕基";"虔恭",虔诚恭敬;"兹",此。下联中,"昭昭"与"奕奕"都有光明的意思;"神祈",神,指天神,祈,向神求福,"神祈"一般作"神祇(qí)","祇"乃地神;"蚤",通"早";"祝嘏(gǔ)",祭祀时致祝祷之辞和传达神言的执事人等;"陈辞",诉说心里话。可见,这副对联旨在赞美泰伯的孝心与礼让精神,同时表示后人的崇敬之情。以此作为祭奠泰伯的大殿的联语,内容上甚是恰当;但就"联"而言,内容上对仗不严,平仄也不甚协,实乃遗憾。

殿内有两副楹联,前端联曰:

"至诚之让,三吴云烟,世变沧海社稷;德义所归,百代俎豆,道启鸿蒙江南。"

这是一副嵌字联,上下联第一字合为"至德"。上联中,"三吴"即吴郡(苏州)、吴兴郡(湖州)、会稽郡(绍兴)等三郡,由于这三郡都是从同一个吴郡(原称会稽郡)中分出,因此三郡地区被合称为"三吴",如今基本指太湖东部一带;"社稷",土神和谷神的总称,为国家的象征。"至诚之让"发生于关中西部,"三吴云烟"实指东南沿海,这是空间转移;而"世变沧海社稷"说的是时间推移。下联中,"俎(zǔ)"与"豆"为古代祭祀、宴会时盛肉类等食品的两种器皿,"俎豆"借指奉祀;"鸿蒙",中国古代汉族传说中的一个时代,后来常泛指称远古时代,此处指泰伯奔吴前未曾开化的江南一带。"百代俎豆"从时间维度着手,而"道启鸿蒙江南"却又是空间挪移。可见,此联在时空转换上颇下了一番功夫,在苏州泰伯庙的几副楹联中,此联内容较为充实。但是,以"百代俎豆"四个仄声字对应

"三吴云烟"四个平声字,不合常规,勉强算是"拗对"吧。再有,此联后半部分的平仄,较为混乱。

内殿后端联曰:

"奔走句吴,王业滋兴,百世荆蛮开礼乐;逊避天下,至德无称,千秋俎豆有余香。"

"句吴",也作"勾吴",即吴国,《史记·吴太伯世家》有"太伯之奔荆蛮,自号'句吴'",此联用语平实,上联以写实为主,歌颂泰伯开拓吴地的丰功伟绩;下联以写虚为主,叙述后人的崇敬奉祀。然而"逊避"与"天下"四个仄声字连用("天"字属"一、三、五不论"),未曾平仄交替,甚是遗憾。

两座主建筑两侧,有东西两庑,各三间,展出与泰伯文化有关的各种材料。

二、无锡梅村泰伯庙楹联赏析

无锡梅村,又称梅里。梅村泰伯庙又名至德祠、让王庙,在伯渎河畔。东汉永兴二年(154)在此立祠,历代整修扩建,清初成为一组建筑群体。现存的泰伯庙呈现出明清风格,共有两进主体建筑,包括庙门之南那座新造的石牌坊,有楹联十副。

石牌坊南向额为"梅里古都",联曰:

"高怀品似梅,仰先贤古圣,须看域内无双胜迹;上善形如水,说秦阙汉宫,还数江南第一古都。"

上联中,"高怀",高尚的胸怀;"品",品格;"梅",梅花素以品格高尚著称,又有"梅里"这个地名暗寓其间;"先贤古圣",互文见义,远古的贤圣;"域内",就是"海内""天下"的意思;"胜迹",当然是这座泰伯庙。上联从时间维度入手,意为说到高尚的胸怀品格,除了仰望远古的贤人圣人,更应看看这里举世无双的泰伯庙。下联中,"上善形如水",《老子》有"上善若水,水善利万物而不争",意思是说,最高境界的善行就像水的品性一样,泽被万物而不争名利;"秦阙汉宫",也是互文见义,秦汉的宫阙。下联从空间维度入手,意为说到最高境界品性的所在地,即使是北方的秦阙汉宫,还应该推崇江南梅里的泰伯庙为第一。上联的"看"古韵作平声,所以说,此联平仄基本和谐;然而下联的"说"为入声,以之对应仄声字"仰",实乃微瑕。

石牌坊北向额曰"至德高风",联曰:

"启荆蛮,倡敦睦,让王逊位,无人堪比;开伯渎,教农业,立国兴邦,有口皆碑。"

上联中,"荆蛮",荒凉没有吴文化,指泰伯奔吴前的江南一带;"敦睦",亲善和睦,《后汉书·独行传·缪肜》有"弟及诸妇闻之,悉叩头谢罪,遂更为敦睦之行";"让王逊位",互文见义,让出王位。上联较为宏观,认为泰伯的品格无人可比。下联中,"伯渎",伯渎河,相传为泰伯开凿的无锡历史上第一条人工河流,流经梅里;"立国兴邦",也是互文见义。下联较为微观,认为泰伯在吴地的所作所为有口皆碑。当然,"教农业"之"业"如用平声字"耕",则可增色不少。

棂星门为泰伯庙第一进建筑,面阔三间。陆定一题额"泰伯庙",门外联曰:

"庶子毋忘,岁月蹉跎怀先圣;苍天有灵,荆蛮教化遇泰伯。"

上联中,"庶子",原指非正妻所生的儿子,用在此处,或指"庶人""庶民",也就是指吴地百姓;"蹉跎",指虚度光阴,任由时光流逝却毫无作为。上联意为,后世吴地百姓芸芸众生,即使是虚度了光阴,也应该怀念先祖泰伯。下联中,"荆蛮",荒凉没有吴文化,指泰伯奔吴前的江南一带;"教化",上行下效。下联的意思是,老天爷有灵,派来了泰伯教化我们这个没有文化的地方。然而,"庶子毋忘"与"苍天有灵"内部平仄未曾交替。惜哉!

第二进即泰伯大殿,面阔五间。

大殿门外有两副楹联,内侧联曰:

"人间天上唱高义,古往今来歌至德。"

此联平仄和谐,语句平实,一般都能读懂。上联从空间维度歌颂泰伯,下联从时间维度赞扬泰伯,覆盖面颇广。但"歌至德"对应"唱高义"乃合掌之嫌。

殿外外侧楹联曰:

"立碑记,建牌坊,平添无锡衣冠,纪述前贤,留证千秋至德;临太湖,止梅里,启迪江南文化,功垂后世,岂惟三让高风。"

上联中,"平添",意为"自然而然地增添";"衣冠",原指衣服和礼帽,此处借指礼教、斯文,即逐步改变了吴地的"文身断发"。下联中,"临太湖",指无锡在太湖边。此联内容平实,一般人不难理解。上联说的是无锡人纪念泰伯的至德,下联说的是泰伯对无锡的贡献不仅仅是他的"三让"。显然,此联是对泰伯功业的赞赏。但是,上下联前半部分的平仄运用,实在乏善可陈。

殿内楹联分三排,前排内侧联曰:

"孝亲在知亲,让位于弟,背井离乡,哪怕披荆斩棘;从俗而化俗,推己及人,启蛮迪夷,何忧断发文身。"

上联中,"孝亲",孝敬父母,指泰伯尊重父亲的愿望,远避句吴;"知亲",了解亲人(父亲)的愿望;"背井离乡"与下联的"启蛮迪夷"都为互文见义。下联中,"从俗"指泰伯奔吴后与当地人一样断发文身;"化俗",指泰伯用先进的文化教导当地人民;"断发文身",泰伯奔吴时,吴人都是截短头发,身刺花纹,以避水中蛟龙之害,泰伯也随同如此。显然,此联也是对泰伯无比功业的赞赏。同样,此联上下联前半部分的平仄实在难以称善。

殿内前排外侧联曰:

"让贤奔梅里,泽被江南大地;至德化荆蛮,功载千秋史册。"

无锡人认为泰伯奔吴的第一个脚印留在梅里,故上联称"奔梅里";"泽被",把恩惠加之于某事物。上联从空间维度入手,称泰伯首先立足于梅里,然后将恩惠如辐射般撒向江南大地。下联中,"化",感化,教化;"千秋",形容时间很长;"史册",记录历史人物的过去的书。下联从时间维度入手,称泰伯以德教化荆蛮之地的人民,其功绩将永远记入历史。然而,此联对平仄的把握可称"无知",尤其是下联的最后字用了入声字"册",这是最低级的"硬伤",未免太不讲究了。

殿内正中为泰伯塑像,联曰:

"始国忆江苏,碑前遂得追根志;迁台荣栗邑,境外还存慕祖心。"

这是梅村泰伯庙诸联中最为出色者,由台湾苗栗县吴氏宗亲会1992年敬献给江苏省无锡市。此联内容充实,平仄中规中矩,韵味颇足。上联中,"始国忆江苏",为诗家语"倒装句",乃"忆江苏始国"。"国",名作动,建国;"江苏",回避泰伯奔吴第一个脚印在何处的无谓之争,甚是理智;"碑前",墓碑前,借代泰伯庙;"遂得",终于得到,终于了却;"追根",寻根。下联中,"迁台荣栗邑",也是诗家语"倒装句",乃"荣迁台栗邑"。"荣",使荣耀;"迁台",表明自己泰伯迁台后裔的身份;"栗邑",台湾苗栗县;"慕祖",仰慕祖先。上下联构成了前果后因的关系:因为泰伯精神荣耀了我们台湾苗栗县,使我们存有仰慕祖先之心;所以,我们经常怀念吴国的创始人泰伯,到他的庙前了却了寻根的心愿。此联置于大殿正中,作为主联,无可非议。

殿内后排外侧联曰:

"隐德昭世,名垂千秋史册;让贤奔吴,功辟万古江南。"

上联中,"隐德",指施德于人而不为人所知;"昭世",彰昭于世,指泰伯的至德终于为人所知。上联内部为前因后果:因为泰伯的美德最终为人所知;所以,在千古记录历史人物事迹的书中流传。下联内部也为前因后果:因为让贤奔吴,所以,他的功绩开辟了远古的江南。然而,此联平仄明显不协。

殿内后排内侧联曰:

"至德无称,八百开基绵世泽;天伦信美,千年遗范在人间。"

这也是一副平仄中规中矩的楹联。上联中,"无称",也就是"无名",用康熙语,意为"难以描述";"八百开基",西周东周共八百年;"世泽",祖先的恩惠。上联意为:泰伯的至德已经没有办法形容了,周朝的八百年基业都是由于他的恩惠。下联中,"天伦",指父子、兄弟等亲属关系;"信美",真实美妙;"遗范",留下来的榜样。下联意为:泰伯就父子兄弟留下的真实美妙的榜样,千年来一致流传在人间。不知何故,如此内容充实、平仄和谐之联却置于殿后不为人注意之处。

至德殿后,就是相传为泰伯开掘的伯渎河。

三、鸿山泰伯墓楹联赏析

泰伯卒后,葬于风景秀丽的鸿山,鸿山在如今无锡市鸿声镇。泰伯墓被称为"江南第一古墓",整个墓区,主体建筑四进,有十二副楹联。

门厅前有两座御碑亭,东部为明建文帝御碑亭,内置诗碑:"远隐停马泰伯乡,仰瞻墓宇法先王。避荆不为君臣义,采药能全父子纲。八百周基无足贵,千秋俎豆有余香。深惭今日争天下,遗笑勾吴至德邦。"传说是建文帝朱允炆在被叔父朱棣攻下南京、赶下皇位后,南逃途中经过泰伯墓,他想到三千年前泰伯为让王位而南迁荆蛮之地,而当下的明朝是叔侄争位,骨肉相残,于是题诗。建文帝逃亡,本属疑案,此诗或为后人伪托之作。亭前联曰:

"好古不求秦以下,游心常在物之初。"

上联写实，感叹自秦以下，人心不古，所以不屑求之；下联写虚，"游心"，指精神追求，下联意为真正的自由自在只有在万物初始时。此联平仄和谐，虚实相间，词句典雅，意境深远。实际上，就是对朱允炆诗句的诠释。

西侧御碑亭内石碑上刻的是乾隆皇帝初次下江南经过无锡时，特命大臣乌木泰祭奠泰伯墓的祭文。亭前楹联曰：

"始乎士以终乎圣，尊所闻而行所知。"

上联中，"士"，泛指学生。上联说的是想要成才，必须从成为"学士"开始，学到老，最终才可能成为圣人，因为古人以为每个读书人心里都有一个圣人。古人云："尊其所闻，则高明矣；行其所知，则光大矣。"下联的意思是，敬崇自己所听到的道理，看待问题就高明了；实践自己所知道的道理，就能光大自己的知识。此联借泰伯的名人效应，指出了常人求学成才的顺序和正确道路，怀古思今，对我等不无启迪。

泰伯墓主体建筑的第一进为前门厅，厅外匾额为"泰伯"陵，厅内匾额为"三让高踪"。厅外楹联曰：

"庆彻云霄，咸瞻圣泽；民安屏翰，共仰恩光。"

"屏翰"，《诗·大雅·板》有"价人维藩，大师维垣。大邦维屏，大宗维翰"，后以"屏翰"比喻国家重臣。此联意为老百姓安心生活在国家重臣的治理之下，共同感受泰伯的恩泽。然而就"联"而言，颇有值得商榷之处。就上下联内部而言，"云霄""咸瞻"连用四个平声字，"屏翰""共仰"中"屏"字的平仄可以不计，故可看作连用四个仄声字，违反了平仄交替的一般规矩。就"对"而言，"民安屏翰"与"庆彻云霄"对不上号，另外，"共仰"与"咸瞻"明显"合掌"。

第二进为高耸的"仰止阁"，门外联曰：

"气蕴风云，身负日月；牢笼天地，弹压山川。"

此乃截句成联，常见于一些名句集或对联集。南朝沈约《齐安陆昭王碑》有句"气蕴风云，身负日月"，比喻雄韬大略或高情远志，就如"气吞山河""包盈日月"等；"气蕴"，浩然之气蕴含着。《淮南子·本经训》有"牢笼天地，弹压山川"，以形容帝王的威力很大，足以制服山河，"牢笼"，包罗，容纳；"弹压"，控制。此联气势恢宏，意为作为关键人物的泰伯对局势有着巨大的影响。

仰止阁门内联曰：

"千秋让德,长存祖墓,重光鸿山,胜景扬中外;万众英贤,共仰世家,首列青史,高风颂古今。"

这副楹联,用语平实,无特别艰涩之处,旨在颂扬泰伯的千古至德,致使山河增胜,青史流芳。上联的"祖墓",其他版本多作"祖基",然笔者实地考察后确认为"祖墓",留有照片为证;从平仄而言,"墓"为仄声,下联"世家"之"家"为平声,与之正好对应。然而,上联中"重光鸿山"四个平声字连用,不甚妥当,可算作是"破例"吧;而下联"首列青史",显然指司马迁将"吴泰伯世家"列为"世家第一",然而四个仄声字连用("青"属于"一、三、五不论"),只能算作"拗"。——然而,单就四字而言,"首列青史"与"重光鸿山"对得较好,"鸿"与"红"谐音,对仗中借用谐音,也是常见的古人手法。

仰止阁东南是一座西向的"怀德堂",堂前联曰:

"鸿雪怀贤久,明月客望中。"

"鸿雪",大雪。此联可做两解。其一,上下联可理解为并列关系,在大雪天长久地怀念贤人,在明月中翘首盼望客人。其二,可看作推己及人,空间转移:大雪纷飞,主人长久地想念着远方的贤人,也想象着远方的客人(贤人)在明月中翘首仰望思念这里的主人,就如李义山的"晓镜但愁云鬓改,夜吟应觉月光寒",也可视同卞之琳的"你站在桥上看风景,看风景的人在楼上看你"。然而,下联的平仄却不甚和谐,如"明月"之"月"换成一个平声字,则可为改观。

堂内正中为仲雍与季札的塑像。两侧联曰:

"一游一豫同民乐,知止知足仰山高。"

此联耐人寻味。从下联的"止"和"足"的关系来看,上联中的"游"可理解为游乐,"豫"可理解为安闲。上联从行动的维度赞赏仲雍与季札与民同乐的品格,而下联从心态的维度赞赏仲雍、季札高山仰止的品格。通过此联再度解读堂前联的内在含义,应该说是表现圣人与常人心心相印吧!然而,"知止知足"平仄上颇有问题,"足"为入声字,但此处该用平声字。

仰止阁西南是一座东向的"宗会堂",堂前联曰:

"粹德太平盛事,瑞星大象分辉。"

"粹德",精粹的德行,就是至德的意思。上联意为,泰伯的至德导致了太平盛世。"瑞星",祥瑞之星;"大象",《老子》有"执大象,天下往",又有"大象无形",可见此处的"大象"指无形无象的"道"——天下之谓也。下联意为,泰伯乃祥瑞之星,天下都分享到了他的光辉。"宗会堂"供奉的是泰伯以后宗室的11位祖先,他们因各种原因避居海外创基立业。

堂内联曰:

"宗功至伟,丰迹磅礴震宁宇;会集群贤,韬略安邦载史书。"

此联歌颂泰伯对宗室的影响。这是一副嵌字联,上下联首字即"宗会",然而就"联"而言,与约定俗成相去甚远。首先上下联内部平仄未曾交替,"至伟丰迹磅礴"中三词中心语"伟""迹""礴"都是仄声字,读起来甚是拗口;其次,上下联对应部位平仄混乱,称不上"相反",且上下联最后字都用平声;另外,从内容来看,除"载史书"能与"震宁宇"能对应上外,其余难以称"对"。对平仄太不讲究了。

仰止阁后有一小殿,为主体建筑的第三进,匾额为"大德无疆"。两侧联曰:

"千秋谁昭灼,三让益光芒。"

"昭灼",光耀,之意,唐王勃《梓州郪县灵瑞寺浮图碑》有"故得昭灼天汉,发挥云气"句;"益",更加。上联意为,千年来何人光耀四方。下联意为,泰伯的"三让"增添光芒。上问下答,平仄交替和谐,庄重蕴含其间。

第四进享堂前有石牌坊,额为"至德墓道",两侧楹联曰:

"人间天上唱高义,古往今来歌至德。"

此联与梅村泰伯墓的大殿门联同。上联从空间维度歌颂泰伯,下联从时间维度赞扬泰伯,但"歌至德"对应"唱高义"有合掌之嫌。

享堂门外联曰:

"志异征诛,三让两家天下;功同开辟,一抔万古江南。"

此联平仄和谐,含义深刻,可看作是此组建筑十一副对联中的上乘。上联中,"志异",指志向不同,这个"志异"指向"征诛",即讨伐,即战争,也就是说,泰伯的谦让精神与战争讨伐格格不入。("征诛"在这里可能特指儒家经典中的"翦商"的问题,《左传》以为泰伯是因为不同意太王的"翦商"之志而逃避的)"三让",三次让位,一让季历,二让文王,三让仲雍;"两家天下"一般认为一指泰伯让位与三弟季历,致使季历的儿孙姬昌、姬发开启了八百年周朝基业;二指泰伯最终让位于二弟仲雍,致使仲雍的子孙开启了吴国的历史。下联中,"开辟",承上指周家天下的开辟和吴国基业的开辟;"一抔",一堆,借代为坟墓;"江南",苏锡常一带,作者并没有为泰伯奔吴第一个脚印留在何处而纠缠,而是强调泰伯也是周家天下和吴国历史的开创者,他的墓在江南万古流传。

享堂后就是墓道,直达泰伯的陵墓。

四、虞山仲雍墓楹联赏析

泰伯无子,由仲雍(即虞仲)继位,仲雍成为第二代吴君,以后吴国君主皆为仲雍后代。仲雍卒后葬于常熟乌目山,乌目山因此改名为虞山。仲雍墓东向,墓道石级依山而上,依次耸立着三座建于清代的冲天式石牌坊,后两道牌坊各有一副楹联,共两副楹联。

第一道牌坊额为"敕建先贤仲雍墓门",背曰"清权坊"。

第二道牌坊额为"南国友恭",背刻"让国同心"。有联曰:

道中清权垂百世;行侔夷惠表千秋。

解读此联,首先得回顾一下《论语·微子》中的一段:

逸民:伯夷、叔齐、虞仲、夷逸、朱张、柳下惠、少连。子曰:"不降其志,不辱其身,伯夷、叔齐与!"谓"柳下惠、少连,降志辱身矣。言中伦,行中虑,其斯而已矣"。谓"虞仲、夷逸,隐居放言,身中清,废中权"。

对这八个包括仲雍(虞仲)在内的隐逸者,孔子分别作了评价,大意为:既不降低自己的志向追求,又不使自己受辱,伯夷和叔齐应该属于这种情况吧?柳下惠和少连降低了自己的志向追求,有辱于自己了;但是,他们说话符合身份地位,行为符合内心所想,大概就是这样罢了。虞仲、夷逸隐居而不谈世俗事务,立身行事符合清高的品格,放弃自我的追求也符合变通的道理。

上联的"道",指的是立身行事;"中(zhòng)",符合;"清",清高的品格;"权",变通的方式。此"清权",显然呼应第一道牌坊背面的"清权坊"。下联中的"行",指品行;"侔",等同;"夷惠",夷逸和柳下惠。全联意为:仲雍的立身行事达到了清廉淡泊、不贪名位的崇高境界,因此名垂百代;仲雍的品行与夷逸、柳下惠一样,既能放弃高位,又能甘受委屈,因而能名扬千秋。全联平仄和谐,含义深刻,根据孔子的评价,对仲雍的高尚品行作了恰当的概括:既能保持清高,又能适当变通。然而，此联用典颇深，理解起来有些困难，就如古人论诗时所谓的"隔"。

第三道牌坊额为"先贤虞仲墓"，背刻"至德齐光"，有联曰：

一时逊国难为弟，千载名山还属虞。

"逊国"，让出国君的位子；"难为"，指的是不易做到。作为老二的仲雍，和老大泰伯一起让位，确实是不易做到的。"名山"，"名"为动词，给山命名之意，就如《醉翁亭记》中"名之者谁？太守自谓也"。上下联为转折关系：虽然说和哥哥一起让出国君的位子很难为了他，但此山命名为"虞"，也可以垂千古了。——显然，重点在后面。

第三道牌坊后就是仲雍墓了。

五、申港季子祠楹联赏析

因为季札的封地是延陵，所以史称"延陵季子"。季札葬于江阴申浦（今申港），申港中学内原有一个大土墩，相传即为季札墓。20世纪末，申港中学搬迁，后此地重建季子祠，整修季子墓。2009年5月1日，"中国江阴季子文化节开幕暨季子祠重修落成典礼"在此隆重举行。季子祠堂主建筑共有三进，目前有七副楹联。

第一进山门，称"季子祠"，门外联曰：

夕阳流水春申浦，古木寒鸦季子祠。

这副对联与"季子祠"三字同为江阴书法家沈鹏先生题写。据邑志记载，这副对联是季子祠旧迹，此联平仄中规中矩，但作者未详。"春申浦"为战国春申君开凿的流经申港的申浦河，上联讲述的是季子祠的地理位置，春申浦前，夕阳西下，流水东逝，暗寓岁月流逝；下联讲述的是季子祠的现状，"古木寒鸦"，惨淡凄凉，意境与"枯藤老树昏鸦"同，带几多凄凉。季子祠几度兴废，常陷入惨不忍睹的状况，撰此联者定因所见而无尽感叹。因人心不古，遗迹败落，在咏叹泰伯、仲雍、季札的诗词中，多有这种凄凉意象呈现，如明马世奇《泰伯乡》就有"犹见溪山外，寒鸦戍夕阳"。

季子祠内就是相传为孔子所书的十字篆文碑："呜呼有吴延陵季子之墓"，史称"十字碑"。江阴古迹以此为首。祠内楹联为明天启年间进士郑鄤《再谒延陵季子墓追溯前期整五年矣》一诗的颔联：

星斗夜寒君子墓，风雷时护圣人书。

据说元明之交，此十字碑曾经断裂。一日晚间，忽然雷电交加，风雨大作，断碑奇迹般地弥合如初，仅留下紫色痕迹。百姓认为是天神修补，由此延伸出来的民间故事非常多。郑鄤之联所述正为此事，以证君子必得天佑。实际上，这是一副平仄规范的流水对，堪称此建筑群楹联之冠。上联暗示十字碑被破坏，下联暗示又被修复。郑鄤，当年因左光斗一案被阉党陷害，后又因与温体仁不和，再度遭陷，直至被凌迟。以诗表达自己对"天佑"的期盼，实乃常情。

第二进为主体建筑"君子殿"，坐落在汉白玉围栏的高台上，双层飞檐翘拱。

檐下额曰"三让高踪"，两侧联曰：

偕隐入句吴，文化开基，端欲追三让至德；观光游上国，名贤遗迹，且教养十字遗风。

上联中，"偕隐"，意同隐居，此处指效仿其祖先泰伯、仲雍，走上隐居之路，这是指季札避让君位，终身不入吴城的事迹；"句吴"，即当今苏锡常一带；"文化开基"，开创吴文化；"端"，语助副词；"欲追三让至德"，季子的德行可与他祖先泰伯的"三让"媲美。下联中，"观光游上国"，应指季札频繁奉王命出使中原诸国，《左传》等书中有季札观礼乐的记载；"且"，语助副词；"教养"，使养成；"十字遗风"，指得到孔子的十字题字。全联用典自然，上联的重点是称其"让"的品德，下联暗示着季札出使中原各国赢得的荣誉，上下联各尽其责，一实一虚，相得益彰，褒扬之情溢于言表。然以"十字"对应"三让"，以"仄仄"对应"平仄"，明显不协，当然，找到能替代"让"的平声字确实不易。

"君子殿"前为一道轩，轩内联曰：

出使中原，崇礼尚文，行鲁齐，观周乐，论势辩兴衰，让德光前垂永；逊耕申浦，诚信守诺，拒君位，悬佩剑，见微知清浊，仁心慕义无穷。

此联以写实为主。上联以谦让为核心，所述相对宏观，说的是季札奉王命出使，一方面学习齐鲁文化和古典音乐，一方面将"让"的精神推向中原。可以这么说，此上联就是对"君子殿"门前联语"观光游上国，名贤遗迹，且教养十字遗风"的充实。下联以诚信为核心，所述甚是微观，主体引用了季札挂剑的典故：季札出使鲁国途经徐国，徐君喜爱季札的佩剑，有心索取，却难于启齿。季札明白徐君的心意，决定把剑赠送给他，但因佩带宝剑出使是一种礼仪，只能答应归来经过徐国时相赠，了此心愿。岂料返回时徐君已死。季札为兑现承诺，将宝剑挂于徐君墓前的树上而去。上下联一气呵成，一个谦恭、诚信的季札呼之欲出。然而"诚信"对应"崇礼"，以"平仄"对应"平仄"，乃对联之忌。

"君子殿"殿内上方匾额为乾隆皇帝御笔亲书。殿内供奉季子铜像，神态昂然，宽厚仁慈。殿内联曰：

为天下苍生让王位，乃先哲本色永流芳。

此联赞扬季札，用词甚是恰当；但平仄明显不协，对仗亦不工整，且言语过于平实，缺少典雅之韵。以此作为整个建筑群的主联，甚是令人费解。悲夫！

绕过君子殿。就是单檐大屋顶的祠堂建筑，五开间大门大窗，庄重朴素，为"至德殿"。殿外联曰：

至异征诛，三让两家天下；功同开辟，一抔万古江南。

此联与鸿山泰伯墓相同，但泰伯墓上联第一字为"志"，而此处第一字无论怎么看也是"至"字。可以这么说，"至"乃笔误，因为"至异"在此处难以解释，且无法和下联"功同"对应。至于"征诛"的问题，可见于泰伯墓一联。

至德殿内供奉季札像和列祖列宗神灵牌位，有"至德留芳"匾额。联曰：

让国即于三，至德之宝麟经特笔；世家列第一，太王而后史迁定评。

先看上联，孔子修《春秋》时，据说麒麟见于郊野，为人所贱，孔子喟叹麒麟"出非其时"。于是，《春秋》于此绝笔，后人遂把《春秋》称为《麟经》，金代马祖常《都门一百韵》："群儒修麟经，诸将宣豹略。""麟经特笔"，指撰写《春秋》的孔子特地为季札写的"呜呼有吴延陵季子之墓"十字。再看下联，"史迁"，即司马迁，司马迁把《吴太伯世家》置于"三十世家"的第一，这就是最高的"定评"。此联通过最重量级人员的语言行动对泰伯、季札做出评价，实见深意。礼让与诚信，难道不是我们当今必须具备的品德吗？申港为江阴临港新城的核心区，多年来，始终以"季子文化"这一独特的诚信主流文化元素作为引领发展的灵魂，被誉为"礼让诚信之乡"。然而，以"太王而后"对"至德之宝"内容上难以对应，且平仄不协；以"史迁"对应"麟经"内容上甚为合拍，但平仄不协。

绕过至德殿就到达季子陵园墓区，有两只石雕灵兽护卫着延陵季子之墓。

六、丹阳九里村季子庙楹联赏析

丹阳即古曲阿，在当年延陵季子的封地之内。丹阳现在还有延陵镇，其九里乡也有一座季子庙。然而，其文化氛围显然不如本文上面所述的五处。

一座高大的石牌楼矗立在庙前一百余米处，可惜的是正反两面都没有楹联。

主体建筑分为三进，第一进额为"季子庙"，门前无联，殿中央矗立着清道光八年（1828）丹阳、丹徒、金坛三县捐资重修季子庙的功德碑。功德碑南向联曰：

千秋功德勒珉石，百代福祉遗子孙。

上联中，"勒"，镌刻；"珉石"，似玉的美石，清纳兰性德《金山赋》有"镂珉石以为阑，饰椒泥而成壁"。下联中，"福祉"，幸福、利益，孙中山《同盟会宣言》："复四千年之祖国，谋四万万人之福祉。"此联双关，既可看作对季札功德的赞颂，也可看作对捐款修复季札庙者功德的赞颂。然而，"百代福祉"四个仄声字连用，无论怎样，"祉"处应该用平声字。

北向联曰：

三县同修嘉贤庙，九州共颂昭德风。

此联甚为平实。上联中，"三县"，指丹阳、丹徒、金坛三县；"嘉贤"，同义复指，形容词做动词，显然指季子。下联中，"昭德"，指美德。此联上指清道光八年的修复活动，甚是微观；下指全国各地的歌颂情形，甚是宏观。也可视作因果关系，有了三县捐资重修季子庙的举动，各地歌颂季子谦让精神的活动将更成大观。

第二进两层，额曰"嘉贤庙"，无联。第二进与第三进之间有一座碑亭，亭内有与申港季子祠堂一样的"十字碑"。

第三进为正殿，重檐巍峨。上额"道法自然"，下额"至德重光"，殿内正中为季子塑像。殿外殿内皆无联，而垂挂在殿内的幡上的两副楹联还值得玩味。东侧联曰：

让德千秋传颂，嘉贤万世流芳。

上联中的"让德"，季札推辞王位之德，也可指所有的谦让精神；下联中的"嘉贤"见上，也可指所有的贤人。此联平仄和谐，内容平实，不难理解，作互文解读似乎更妥：具有谦让精神的贤人千秋万代被人传颂。但"千秋传颂"与"万世流芳"

有合掌之嫌。

西侧联曰：

提护成对烟生雾，羽扇分开白鹤朝。

无论从平仄对应还是内容对应来看，"护"，定为"炉"之误，与下联的"羽扇"一样，"提炉"为名词，即上面有提梁的香炉。《封神演义》七十七回中，原始天尊降临时，有"提炉对对烟生雾，羽扇分开白鹤朝"的排场，意思是一对对的提炉冒着烟雾，将手中的羽扇左右晃动，白鹤们都来朝拜。显然，这里将季札当成道教的最高神"三清"看待了。此联的道教味很重，显见与前文所述的另外五处的色彩不同了。

正殿后即围墙。主体建筑的东部，为一个算命的场所。

此六处建筑的三十九副楹联，据说大多出于当代人之手，有些还是某一方面的名家大腕。然而就"联"而言，实乃良莠不齐。既有内容、文辞、平仄俱佳者，又有难以称善者，主要表现在对楹联平仄的理解，不讲究平仄，何以称"联"！而在平仄上下点功夫，该不是"挟泰山以超北海"吧！不知是不能，还是不为？是不屑，还是其他？为弘扬传统文化而撰写的楹联，却与传统文化相悖，岂不悲夫！

传承中华文化的优良传统，不仅仅是恢复几座古典建筑那么简单！

吴氏祖像拓本

孙中旺

吴氏祖像，拓本，碑原在苏州泰伯庙，收吴氏先祖自三让王以下至九十四世元淮南省理问辅德在内画像五十五幅，后有光绪二年（1876）仲春固始吴元炳跋，为梁溪周秉锟镌。

吴元炳（1824—1886），河南光州固始县人，字子健。咸丰十年（1860）进士，官湖北、安徽、江苏等省巡抚，漕运总督等。同治十三年（1874）任江苏巡抚，次年重建泰伯庙于故址。据其《重建泰伯庙记》所述，重建工程"启工于光绪乙亥八月十六日，讫工于丙子五月二十八日，共縻金钱柒千捌佰千有奇"，除修复庙前的坊和桥外，单新建房屋就达四十六楹，可见工程规模确乎不小。

吴元炳修复泰伯庙后，庙中的奉祠生"以明刻谱牒来呈"，其中有三让王以下五十五幅画像，吴元炳认为"画像之有石刻，所以彰有功、纪先美、垂永久而劝来兹也"，因此将这五十五幅画像"摹勒两庑，俾永其传"。吴元炳在碑后跋语中说，乾隆中的吴氏大宗谱，画像只有五十三幅，与明刻五十五幅相比，有像同而名异者，并缺三十九世骠骑、平北两像，官阶爵谥亦有与史传不副者。刻石悉遵明刻，"以其年代较古，流传当有依据也"。

泰伯奔吴以后，以三让至德，子姓大昌，苏州泰伯庙被奉为吴氏族庭，"天下征吴氏之先系而籍隶最久者，必于是取资"。吴元炳虽为固始人，但认为自己"绪出延陵"，为泰伯之后。他将吴氏祖先画像镌刻上石，一方面是增加庙中陈列，丰富文献；另一方面亦寄寓希望，"凡族姓之跻斯堂者，一举首而盛烈遗徽，宛然在目,必将有感,发兴起而期媲美前人者",也是"汲汲表章之微意也"。

民国《吴县志》卷六十一《金石考二》著录:"吴氏先世三让王以下五十五画像石刻,在泰伯庙两庑,巡抚固始吴元炳立,光绪二年。"像后之跋在光绪《苏州府志》中亦有著录,题名《摹勒五十五画像跋》。

光绪十五年，吴大澂的金色年华

胡伯诚

清光绪十五年（1889）正月初一，北京城笼罩在一片新年气氛中。太子少保、毓庆宫行走、户部尚书、管理国子监事务翁同龢于凌晨四点就起身了，焚香，先祭天后祭祖，是新年元旦必做的功课。像翁同龢这种级别的官员，国家允许建立家祠。在平时，家祠中只安放牌位，而在重大节庆时节，才会请出三代先祖真容，民间称为喜神。

卯正一刻，早晨六点多，翁同龢冒着凛凛寒风上朝了，守在西朝房静静等待国家庆典的开始。七点三刻，光绪皇帝驾至慈宁宫，向慈禧太后行礼贺年，身后紧跟的王公百官各按尊卑品级，顺序而进。礼毕，群臣再至太和门廊下坐待。八点三刻，午门钟鼓声响，静鞭三下，百官上殿向皇帝行庆贺礼。皇帝按例赐荷包和福字，有时由内务府送出，有时由皇帝手赐，全凭皇帝的心情和时间灵活处理。但皇帝手赐，却苦了臣子，漫漫的等待不说，照例又有三跪九叩之礼。有一年，翁同龢细细算了算，大年初一这天，跪了四十九次，叩头一百五十下，真是很累。

皇帝赏赐的荷包叫"八宝荷包"。它一般包含两个含义：第一，荷包是皇帝御用的身边之物，表示亲近；其二，荷包内装的是皇帝的心爱之物，表示恩宠。新年元旦光绪皇帝钦赐的荷包里装点什么？史无明记，但雍正皇帝向臣下赏赐荷包，受赏官员的谢恩折上却有记载。譬如云贵总督鄂尔泰收到的荷包中，有"金银宝玉二十八枚"，两江总督范时绎收到的荷包中，有"金玉八，吉祥十六件"。但这些都只能算个案，不代表光绪赏赐的荷包中有真家伙。另外，按照清宫规矩，皇帝赏赐的福字，可以交代下人收好，而荷包，受赐当天却要悬在颈间、挂在胸前的，甚是滑稽。

也不是年年的正月初一都有这样的礼仪。有些年，皇帝跑到承德避暑山庄去了，这礼仪就简单多了。三品以上及内廷诸臣到乾清门内，四品以下各官到乾清门外行个三跪九叩礼，就算完了。除了宫里的常规礼仪，宫外还有一套春节礼仪，譬如，向军机领班亲王、总理各国事务衙门王大臣拜年，都要赶在年初一，以示尊重。这里有一个细节。凡到王府拜年，只能说请安，不能说拜年、贺年。这是忌讳。另外，翁同龢至京师贤良寺行香叩头，也总是放在年初一。贤良寺专事供奉对国家做出重要贡献的人物，他的父亲大学士翁心存也名厕其中。所以，翁同龢对贤良寺敬礼有加，有点公私兼顾的味道。

在京城为官，时间不是自己的。正月初二，也没闲着，有几件事是非做不可的。第一桩，坤宁宫祭神吃肉。这是满族旧俗，由皇后操办。光绪大婚前，由慈禧皇太后主持，自然分外隆重，表达出一种格外的身份和地位。坤宁宫祭神定于卯正二刻，六点半准时开祭，花不了一个时辰。所谓吃肉，也不需在坤宁宫吃，祭祀结束，各大臣"怀肉一胬，以饷家人"。但也有例外，若蒙古王爷来得多了，汉员就不必参加。第二桩，官员团拜，也从年初二开始。中国是个礼仪之邦，过年了，官员们要互相拜年。清朝光绪年间，稍有改革了，各衙门将官员的互拜集中在衙门里团拜，不必踵门来往，以省繁文。团拜结束，各自回家。也有团拜后，选个会馆撮一顿的，费用分摊，与今日相仿佛。

正月初二，翁同龢读到一条恩旨："河工合龙，吴大澂实授河东河道总督，赏加头品顶戴。"这项任命并不意外。朝廷在十二月十四日就收到吴大澂的电奏，告知"门占已成"，就是黄河已经合龙，并在十六日举行了挂缆祭河仪式。就在前天除夕，朝廷还收到吴大澂四百里快报："河南合龙"。这是第一个不意外。

第二个不意外是，吴大澂从署理河督，到实授河督，走的是正常程序。清廷对河督这种职位，往往先署理，再实授，表达出一种用人的谨慎。能写一手灿烂文章，未必能干好河督这种活。

第三个不意外是，朝廷的恩旨，仅给了吴大澂一个"赏加头品顶戴"，似乎不够，这是任何一名新河督都能享受到的待遇。为了这次黄河缺口，朝廷已经罢免了一位尚书、两位总督、一位巡抚，更别说藩台、臬台、道台等司局级官员；朝廷为此糜费千万，劳而无功。吴大澂接手半年，就完成这桩大事，因此，吴大澂对国家有非常之功。

郑州黄河破堤时，晚清名宦李超琼在溧阳知县任上，他很担心此事发作。他曾经自问："江北倘被黄流之害，灾民纷至，溧境何以处之也？"后来听说"郑工渐有合龙之望，消息颇佳。可谓天幸"，李超琼十分高兴。光绪十五年（1889）正月，上海《申报》发表文章，称郑州大工合龙为国庆。李超琼郑重地将这段文字抄在日记中。

写到这里，本文主人吴大澂应该出场了。

吴大澂是光绪十四年（1888）七月初十，从广东巡抚任上被抽调署理河东河道总督的。当时朝廷里很有人说风凉话，称此番吴大澂是明升暗降。虽然，河道总督与地方总督一样隆重，都叫总督，都是正二品，但河道总督这个职位，在乾嘉年间，道台便可直升，而吴大澂已贵为巡抚。而且，广东巡抚是巡抚中的优差。

回顾吴大澂近年来北京官场上的所作所为，堪称能员。他是一位实力派官员。

光绪六年（1880），松花江宁古塔地区，出现了以孙百万、韩效忠为首的"金匪"，专事偷挖金沙，使清廷十分恼火：东北是清朝的龙兴之地，历来实行封禁政策。孙百万被擒杀后，"金匪"逃入深山，朝廷陷入剿抚两难的境地，于是调河南河北道道台吴大澂前去帮办，希望吴大澂能招抚韩效忠。为了解除韩效忠的疑虑，吴大澂单骑入山，夜里就住在韩效忠的山寨里，以其坦白无他的心态，终于成功说服韩效忠与政府合作，将金厂关闭，宁古塔地区再次安静下来。为了表彰吴大澂的功绩，清廷将这一地区的防务从吉林将军手中分割出来，专门授予吴大澂"钦差督办宁古塔等处事宜之关防"，并授权他处理与俄交涉事宜。

光绪七年（1881）始，清廷将吴大澂调进北京，先后出任太仆寺卿、太常寺卿、通政使等重要职务，至光绪十年，已位至都察院左都御史，相当于最高检察长。当年十月，朝鲜发生亲日的"甲申政变"，被袁世凯镇压。当时的日本，尚不敢与清廷正面对抗，而由日本国外务卿井上馨秘密访问朝鲜，威胁索要日本在此次事变中的经济损失。清朝政府获报，立即派遣吴大澂为星使（钦差），冒着严寒突然访问朝鲜，与日本国外务卿井上馨斗智斗勇，协助朝鲜国王处理了朝日纷争，至少使朝鲜省去赔款十余万元。

这次朝鲜之行，吴大澂认识了袁世凯，称他为"天下奇才"，而当时，袁世凯仅仅是驻朝清军一个营的营务总理。吴大澂回国时，与袁世凯同行。听说袁世凯急着归国是为了探视自己的生母牛太夫人，吴大澂于是赠袁世凯一联："凡秀才当以天下为任，求忠臣必与孝子之门。"后来，吴袁两家成为姻亲，吴大澂的长女嫁给了袁世凯的长子袁克定。

光绪十一年（1885），吴大澂再次被派为钦差，奉命会勘中俄边界，收回了被沙俄非法占领的珲春黑顶子地区的百余里领土，又争回了中国船只在图门江口的航行权，并以《珲春界约》的形式确定下来，这也是清朝签定的条约中唯一收回失地的条约。吴大澂意气风发，在重新界定的中俄边界立巨形铜柱以彰其事。铭文写道："疆域有表国有维，此柱可立不可移。"清廷对吴大澂非常满意，以光绪皇帝的名义发出上谕："吴大澂所议展界、竖牌、补记、绘图各节，均尚妥协，即著照议画押。"至今，吉林珲春市区还建有纪念吴大澂的五角龙虎碑亭。

光绪十三年（1887）农历八月廿二，国家出大事了，郑州黄河决口，决口从三四十丈迅速扩大到三百余丈。清朝政府迅即做出反应：东河河道总督成孚摘去顶戴，革职留任。

东河河道总督，全称河南山东河道总督，是黄河的总管。他手下掌握三个道，一是兖沂曹济道（兖州、益州、曹州、济宁），负责山东境内的黄河下游；一是河北道，掌管黄河中部；再一个是开归郑许道（开封、归德、郑州、许昌），掌管黄河的上游。郑州出事，开归郑许道道台李正荣难咎其责，被摘去顶戴，交部议处。李正荣手下的管理部门叫厅。因此，上南厅同知余璜、上南营守备王忻、郑州州判余嘉兰以及郑州防汛办的一批下级官员不仅被革职，而且受到羞辱性惩罚，被枷号河干示众。

黄河缺口南流，是清廷最担心的。光绪帝在决口当天发出上谕："黄河经流颍、亳等处，向为匪徒出没之区。近来两湖地方，时有会匪滋事，目前黄流横决，深恐游勇土匪勾结为患，不可不预筹防范。裕禄著即回湖广总督本任，曾国荃如已启程，无论行抵何处，著即迅速回任。"

两江总督曾国荃本来是在进京陛见的路上，如此这番，当然是回去了。曾国荃是曾国藩的弟弟，同治三年（1864）收复南京，活捉李秀成的，就是他。

四天以后，慈禧太后发出懿旨：发内帑银十万两赈灾。这笔钱，名义上是慈禧的私房钱。她要求河南巡抚倪文蔚查明黄流经过被灾的地方，不分畛域，核实散给。慈禧的意思很明白，只要是灾民，即发钱赈灾。倪文蔚觉得这笔钱不够用，奏请追加三十万两。倪文蔚建议，如果户部一时凑不出这笔钱，就用朝廷拨给嵩军和毅军的军饷改拨。嵩军和毅军，是河南地方军队，其性质与淮军、湘军是一样的。

黄河险情在八月初就已经显现，但东河河道总督成孚根本没当回事，并未亲临河干查验。按照河工管理的潜规则，适度的河患，对当官的，其实只有好处：大者，可以获得政绩，小者，可以获得拨款。官僚阶层的漠视与放纵，使黄河险情逐日放大，终于酿成大祸。被迫迁徙的黄河灾民，愤怒地将东河总督衙门一名李姓幕僚扔进河里。老百姓杀了衙门里的人了，总督署也不敢弹压。成孚在上奏朝廷的报告中，还将"决口"轻描淡写地说成"河水漫溢"。因此，郑州黄河决口，是天灾，更是人祸。

黄河决口是件大事，朝廷不敢怠慢，立即派出礼部尚书李鸿藻督办郑州河工，调前河南巡抚李鹤年署理东河河道总督，现任河南巡抚倪文蔚会同办理。倪文蔚提出，郑州河工治堵预算，需增拨经费六百万两。朝廷表示由部库先拨二百万，以后筹款源源接济。筹款很顺利，至光绪十四年（1888）二月，分摊到各省的六百万两河工专项款子，基本到位。

但郑州河工工程进展非常不理想。工程持续拖了将近一年，只是一味向朝廷要钱，而合龙遥遥无期。至光绪十四年的五月初，说是缺口只剩十丈了，而且物料应手，供应充沛，京城里很乐观。至五月底，又说，缺口深达六丈。李鸿藻一筹莫展，河工工地一片绝望。

那时治理黄河，最常用的办法是埽口。

"埽"，发明于宋代，沿用至明清。其基本做法是，用一层层的木板或秸秆，包裹着砂石，用粗壮的麻绳或竹篾捆扎成一个圆柱形的物体，其直径可达丈，而长度更是直径的两倍。制作埽，绝对是个技术活，而把这样一个个庞然大物准确地沉到水底，也是一个技术活。缺口就是这样堵住的。但深达六丈的水面，抛这种埽，真是一点用处也没有。至七月份，李鸿藻只得向朝廷发出"款料用尽，无可措手，请暂停工"的电奏。

光绪皇帝读到这篇上奏，深感郁闷。从上年八月郑州决口，已先后发给工需银九百万两，电谕明旨，三令五申，竟如此这般的一场空？九百万两是什么概念？大清政府从全国农田所能征收的地丁银（即农业税），也就是三千万两。加上各种名目的商业税收，甚至包括土药（即鸦片）捐，也就是八千九百万两。这是国家的总收入。倾国家财政收入的十分之一，尚做不好黄河堵口这件事，那还能做什么？七月初十，朝廷发出严旨：尚书李鸿藻、巡抚倪文蔚革职留任，降三品顶戴。河督李鹤年、前河督成孚革职，发往军台效力。命广东巡抚吴大澂署理东河河道总督，接办堵口工程。并电令吴大澂接奉电旨后，迅速交卸起程，毋稍延缓。

为什么朝廷想到调吴大澂来？原因至少有两条：一、吴大澂是当时的能员；二、光绪五年（1879），吴大澂做了整整一年的河北道道台，分管黄河中段水情，懂行。

光绪皇帝纳闷的是，工程拖宕一年有余，有太多的失误和失责，但从未有官员出来承担责任，也从未奏劾过一名官员。因此要求吴大澂查明情况，不可将就。更何况，江南道监察御史刘纶襄、江西道监察御史燕起烈已经奏参：郑州河工已经下拨资金达九百万，但真正用在工程上，不过数成。主管大臣的薪水每月千两，委员每月二百两，而前来投效的委员有数百人之多，以致泡在工程上吃闲饭的冗员增至千人之多。

却说吴大澂接旨后，从广州搭乘轮船，转道香港赴上海，顺道到苏州探望老母。他母亲韩太夫人身体很差，在咸丰末年苏州被太平军攻陷之际，一度急得双目失明。吴大澂在苏州仅待了一天，八月中旬到达郑州河工工地。

对于光绪皇帝的最高指示，吴大澂用十分婉转的语言予以解释：河工人员的薪水，是按照历年河工的成例支取的，前来投效的也没有数百员之多。所谓前河督成孚出卖委员执照，前山西布政使绍诚汇银四十万至京，均无其事。总之是大事化小，小事化了。吴大澂不想得罪任何人。但皇帝关照的事情不能不办，仅撤了一名道员和一名知县的差使。即便是这样，吴大澂依然在上奏中写明，这名道员并无劣迹，只是人际关系处置不好。

吴大澂心里清楚：此番来豫治理河工，合龙是第一大事。合不了龙，纵有千般好，也是万般错。东河河道总督的行馆距河工工地十里。吴大澂觉得时间都浪费在路上，往来不便，于是移居东坝的席棚内，亲临第一线，指挥十万民工昼夜奋战，苦战四个月，竟然在当年十二月十六日顺利合龙。

为什么朝廷耗资千万银两，指派礼部尚书李鸿藻作为中央代表，刑部侍郎作为监察委员，督办两名总督、一名巡抚以及一大批司道级官员，耗时一年而治不好郑州黄河决口？在百般无奈中，朝廷仅调了一名吴大澂，居然举重若轻，用四个半月时间,实际仅用三个月,就有信心向朝廷报告,合龙指日可待。为什么?

而吴大澂十月初四的上奏,还有点表示为难,还在"酌拟办法"。光绪回复的谕旨很不客气:"砖石挑溜,历著成效。该署督既确见及此,应即照摺内所陈切实办理。以复前规,而弭隐患。"

但到十月廿二,仅仅时隔半月,吴大澂已将向朝廷报告:"郑工约于十一月间可以合龙。"为什么?可见,吴大澂还是有点狡猾的,他十月初四的上奏,根本就是虚晃一枪。他找到了什么治黄宝典呢?《吴大澂年谱》没有答案,但《清实录》上倒有极其简单的一句:"吴大澂又奏:河防筑坝,拟试用塞门德土,以期坚实。下部知之。"

这是什么情况?《清通鉴》比《清实录》说得详细多了:"光绪十四年十一月廿九日,署河道总督吴大澂奏,郑州河工试用西洋塞门德土。据称,向来河工修筑坝垛,皆用条砖、碎石抛掷河中,石坝一道须抛二千余方,始见出水。每遇秋伏大汛,即重大石块亦随流坍塌。访闻西洋各国有塞门德土,较中国所用三合土尤为坚结,可使根基做成一片,似为一劳永逸之法。八月间已电商李鸿章,将旅顺所存塞门德土三千桶,并上海、香港添购之六百桶陆续运到,业经试办。下部知之。"

"塞门德土"是什么?原来是水泥混凝土的德语音译也,此词一度译作"水门汀"。吴大澂治理郑州黄河缺口的丰功伟绩,就此揭开谜团。高科技助吴大澂一臂之力。所以,吴大澂甚是得意。他的《郑工纪事诗示两坝在工各员》有一段小序,十分有意思:"向来河工抛石为坝,用石多而易于冲塌。近派陆守襄钺在黑岗筑坝六道,皆用灰浆砌筑,外包西洋塞门德土,敛散为整,其坚如铁,水浸不坏,年久无塌裂之患。"

因此,他在另一首诗中唱道:"筑石坚于抛石散,顶冲何患水盈科。"

光绪十四年(1888),水门汀绝对是个稀罕之物,用得不多,知道的人更少。整个北京官场可说没人知晓。掌管国家营造事宜的工部堂官,从尚书到侍郎,从各司郎中到主事,也没人知晓。为什么如是说?因为郑州河工治理,旷时日久,找不到迅速奏效的办法,朝廷为此大规模征求意见:"如有可以速助工作之策,必应博采兼收。"但是,从中央部属机构至外省督抚,没人说得出吴大澂的绝妙对策,只能建议"可否参酌古法,兼用柳枝竹石"或"参用旧砖竹石,亦本前人成法"等老掉牙的治水办法。而吴大澂之所以知晓"塞门德土",可能与他有广东巡抚的经历有关。在晚清,广东毕竟领风气之先。而台湾的高拜石先生认为是《老残游记》的作者刘鹗刘铁云出的主意，这也有可能，因为刘鹗的父亲刘忠成就是一位水利专家。另据《刘鹗集》，吴大澂在郑州河工时，刘鹗前去投效，"中丞与语，奇之，颇用其说"。虽然仅十个字，但相当传神，似乎吴大澂听到好建议了。河工合龙后，刘鹗以"学术渊源，通晓洋务"，被推荐到总理各国事务衙门，以知府用，是吴大澂对他的回报。

吴大澂在《郑工纪事诗》中提到的陆襄钺，可能是另一个知晓"塞门德土"的官员，对堵口贡献极大。吴大澂命他在黑岗筑坝六道，从而保证河工合龙。因此，吴大澂在《郑州石坝工竣题此勒石》中再次提到他。勒石辞云："光绪十有四年冬，郑州堵口将合龙。筑石为坝当溜冲，涂墁坚实如崇墉。戒毋毁弃损厥功，大澂作铭传无穷，陆守襄钺监此工。"

陆襄钺，字吾山，曾任洛阳知府，在郑州黄河工地上与吴大澂风雨同舟。陆是咸丰八年（1858）陕西乡试的副榜，而这科的正副主考是潘祖荫、翁同龢。后来，陆襄钺以副榜身份就任山西豫军转运局总办、直隶州州判，从此走上仕途，对潘翁两氏，执弟子礼甚恭，与潘翁两家常有走动，逢到年尾，也有炭金馈赠。

陆襄钺在仕途上并不顺利。郑州黄河合龙，陆襄钺有襄助之功，吴大澂也极力保荐，朝廷似乎没看见一般。虽然给了陆襄钺"以道员用"的承诺，但没有因此获得升迁，直至光绪二十七年（1901），陆襄钺才从知府升为浙江督粮道，也仅仅是半级的升迁。陆襄钺早在同治十一年（1872）就已经做到知府了，而且曾赏戴花翎，可见其仕途之艰难。能说陆襄钺朝中无人吗？京中大佬翁同龢、潘祖荫，炙手可热，有这样的靠山还不够吗？但是，就人事而言，翁潘二位，真还说不上话。

后来，翁同龢被革职回籍，交地方官严加管束，陆襄钺还专程去看望他，让翁同龢十分安慰。翁在日记中写道："剧谈四十年前事，真如梦寐矣。"翁同龢《瓶庐诗稿》卷七收有《门人陆吾山襄钺观察浙江，便道见访，赋诗为赠，次韵答之》一诗。后来，陆襄钺因为此诗而出资五百两，将《瓶庐诗稿》刊印出版。

苍天有眼。真所谓人在做，天在看。光绪二十七年（1872），陆襄钺的儿子陆质雅高中陕西乡试解元后，以候补通判身份出仕，在上海道交涉司做一名小公务员，专与老外打交道，渐渐懂得投资门道。民国后，在沪上地产业大展身手，遂成一代富商。陆质雅是齐白石的密友和超级粉丝，收藏齐白石治印五百余方，蔚为大家。至今所能见到的齐白石印章，几乎都是陆质雅旧藏。

上文说到，吴大澂在河工工地上，指挥十万民工昼夜奋战。这"昼夜"两字，并非是笔者胡诌出来的，而是有证据证明，吴大澂在河工工地上，采用了电力照明，所以才能昼夜奋战。

在《郑工纪事诗示两坝在工各员》这首诗中，吴大澂写道："灯光十里照河滨，彻夜人声力作勤。"读者也许会说，煤油灯，也是灯，何以见得这"灯光十里"就是电灯？答曰：有《清实录》为证：

"光绪十四年十一月初十日，河南巡抚倪文蔚奏：展设豫省电线，援照直东江浙等省章程，统归商办，由大工镶款内拨银二万两，作为借领官款。五年之后，分年摊缴，以恤商办。得旨：下所司知之。"

因郑州河工，不仅工地上用了电灯，全河南省也因此完成了电路布网，借用的款子二万两是郑州河工的专款。河工合龙在即，巡抚倪文蔚不得不上奏，向朝廷说说清楚；否则，属于挪用，是财务纪律不允许的。

光绪十四年（1889）十二月二十九日，朝廷连发两道上谕。

上谕：以郑州大工合龙。发大藏香十枝。交河东河道总督吴大澂祗领，虔诣河神庙祀谢。

上谕：以郑州大工合龙，实授吴大澂东河河道总督，并赏头品顶戴。开复革职留任河南巡抚倪文蔚，留工效力。赏还礼部尚书李鸿藻顶戴。释回革职遣戍前河东河道总督成孚，以按察使补。并赏还署河东河道总督李鹤年衔翎。余升叙开复有差。

其中，对成孚的处置最严，从总督降为臬司。清朝制度，降级使用是非常严厉的处分。从臬司往上爬，要经过布政使（藩台）、巡抚，才能到达总督的位置，非常难。所以，在清朝文件中，对官员的处分，原议定降一级或降二级调用的，改为革职留任，属于"加恩"。

河南巡抚倪文蔚在这次恩典中，不仅官复原职，还获得议叙。一年后，吴大澂母亲去世，吴大澂丁忧离职，留下河东河道总督的位置，由倪文蔚接任。可惜，此时的倪文蔚身体垮了。他本来就身体不佳，到这年的六月，倪文蔚就去世了，仅做了三个月的河道总督。

于光绪十六年（1890）去世的，还有因堵口失败而受到革职处分，发军台效力的李鹤年。两名主管河工的大臣在合龙后的同一年去世，透视出黄河决口所带来的巨大精神压力。心力交瘁，不胜重负。

吴大澂对这次治理黄河缺口是下了限期令的。限期完不成合龙任务，吴大澂自己以身报国。但结果皆大欢喜，工程克期完工，还节余拨款六十万两。清廷对吴大澂不免恩宠有加了。黄河郑州顺利堵口，保证了光绪十五年（1889）正月，皇帝大婚能在举国欢庆的祥和气氛中举行。河清海晏，这是光绪朝的好兆头，吴大澂功莫大焉。

光绪大婚已准备了一年，整整一年中，国家没有什么赏心乐事，有的都是忧愁。宫里为准备光绪婚事，太监们忙死不说，还常常受到训斥，以致逃走者极多。有一名姓高的太监首领，与李莲英口角，慈禧下令内务府严惩，高太监被发配。事不省心啊。

光绪十四年的除夕之夜，翁同龢在日记中写下了这么一段文字："今年五月地震，七月西山发蛟，十二月太和门火，皆天象示警。呈郑工合龙为可喜事，然亦不足称述也。历观时局，忧心忡忡，忝为大臣，能无愧恨。"

光绪十四年中唯一的一桩可喜之事，被翁同龢批为"不足称述"，那翁同龢在这场黄河决口事件中做了些什么？查翁同龢三月初五日的日记，有如下一段文字："入署，遇曾公。见英人鲁亦士治河说帖，请购机器下桩，并洋口袋洋石灰，计一百余万金可耳。绘图测水之深浅。"英国人鲁亦士向户部推荐的"洋石灰"，简称"洋灰"，就是今天的水泥，而且整个治水费用仅需一百万两银子。

非常可惜的是，翁同龢尚书看到这份治河说帖后，根本没看懂这个方案，更没有向户部的其他尚书、侍郎推荐这个说帖。因为翁同龢的漠然，使这个方案胎死腹中，国家为此而多支出了几百万两银子。翁同龢"忝为大臣，能无愧恨"吗？

光绪十五年正月二十七日，皇帝大婚。日子是钦天监选定的。皇后是叶赫那拉氏，都督桂祥女，也是慈禧太后的侄女。另有瑾妃、珍妃同日进宫。所以，光绪皇帝结婚，同一天娶三个女人，与平民是不一样的。

从廿四日起，皇帝大婚其实已经拉开序幕。上午七点，装载皇后妆奁的一百座黄亭，就从东华门经协和门，入后左门，浩浩荡荡运进乾清门了，乾清门是大内的正大门。为了迎观皇后妆奁，京官们从四更起就起床了，穿戴整齐，照例要穿花衣，就是官员礼服，五更进入正阳门。此时，东华门外，夹道新列双喜字灯，灯内红烛犹晃。而东华门内，是更为豪华的玻璃龙凤灯，直接乾清门。皇后妆奁共运两天。第二天同一时刻，还有一百座黄亭的嫁妆要进来。所谓黄亭，其实是用黄缎子遮盖的抬杠，此种抬杠有亭盖，故曰黄亭。亭前配有黄盖曲柄伞，显赫而威严。这一天，瑾妃、珍妃的妆奁也运进宫里，但走不了乾清门，是从神武门运进宫的，神武门是紫禁城的后门，体现了一种上下尊卑。

二十七日，皇后出嫁。当天的子时，也就是半夜零点后，皇后在娘家接受册封。册封的仪式虽然烦琐，但举手投足都有规范。册封的物事仅两件，一件是玉册，另一件是宝玺。这两件物事合在一起，简称册宝。在大清国力强盛的乾隆时代，皇帝册封皇后的玉册，以名贵的和田玉制成，皇后的宝玺也是玉的，属最高等级。皇后以外的皇妃，只能用金印。

册封结束，皇后正式具备了皇后身份，才能在奉迎十大臣及步军统领的护卫下，坐上凤舆，于凌晨五更进大清门。凤舆至午门，钟鼓鸣而卤簿止，仪仗队不能进入大内。

慈禧终于在都督桂祥之女身上，实现了叶赫那拉氏从大清门进入正宫的梦想。皇帝大婚当天，汉官们没什么大事。翁同龢在日记中写道："余等无差，亦无行礼处。"显得很无聊，找了一帮朋友，喝小酒去了。

婚后第二天，慈禧连发五道懿旨，宣布大婚礼成，并奖叙天下臣工。从近支王公，到勋旧后裔，从内廷行走到六部京卿，均有赏赐。苏州的几位大佬：毓庆宫行走、户部尚书翁同龢赏戴花翎；南书房行走、工部尚书潘祖荫赏加太子太保衔；侍郎徐郙，著在紫禁城内骑马。这次赏赐极其宽泛，连在最基层具体做事的也没有亏待：修理街道的兵丁，由户部拨银一万两，分别赏给；扛轿子的銮仪卫校尉，每名赏银二两；而扛仪仗、掌灯的，以及内务府护军，每名赏银一两。皆大欢喜。

光绪大婚，提拨京饷银五百五十万，其中部库三百五十万，外省支持二百万。但光绪大婚的花费绝不止这个数，正式估算为八百万两。比起同治大婚花了一千万两，光绪算是很节省了。对这笔花费，当时人都觉得是应该的。

大婚礼成，清宫发现把最近走红的东河河道总督给忘了。于是在大婚后的第三天，单独补发一道懿旨：吴大澂赏兵部尚书衔。

因为光绪大婚及慈禧归政，京内京外的王室贵族、高官政要均得到赏赐，已经去世的获得赐祭，活着的记功、升官，无官可升了，赏各种荣誉头衔。

光绪大婚亲政，对北京政坛毕竟有点震动的。首先，慈禧归政了，当然不再垂帘听政。山西道监察御史屠仁守提出，请依乾隆做太上皇时的成例，凡是部院题本及寻常奏事，皇帝直接处理，若是外省密摺、廷臣封奏，仍书皇太后、皇上圣鉴，请慈禧阅览后再施行。

从字面上看，屠仁守的建议，很有拍马屁的意思。但慈禧是何等样人，会看不出屠仁守的阴谋诡计？如果允准了屠仁守的建议，岂不是将自己比作乾隆？如果不允准，岂不是眼睁睁地将大权放给光绪，自己退居林下？

光绪十五年（1889）二月初三，是慈禧归政于光绪的日子。初二日，慈禧连发两道懿旨。

第一道：屠仁守革职，永不叙用。

第二道是回答吴大澂的上奏：请尊崇醇亲王称号礼节一折。慈禧的懿旨说，光绪元年正月初八，醇亲王就发了上奏，称历代继统之君都推崇本生父母。他认为其中以宋孝宗的做法最为至当，就是什么也不动。而嘉靖年间的大礼议之争，更是肆其奸邪，给国家带来重大伤害。现在预先写好这道封章，请等到光绪皇帝亲政时，宣示天下。

慈禧说，现在归政伊始，吴大澂果有此奏。若不将醇亲王的原奏及时宣示，则此后邪说竞进，妄图通过礼仪之争，博得个人的荣耀。其后患何堪设想？所以，这件事一定要说说明白，并将醇亲王原奏发钞各衙门知晓。

翁同龢目睹了这一事件。他在日记中写道："吴君虽未遭谴诃，然辱甚矣。"

但吴大澂此奏，其实也算得上理直气壮。理由之一，大清以孝治天下，当以正名分为先。臣子做官，父母均可受封同等官衔，那么贵为天子父母，当然也应有相应尊崇的称号。至于称什么，请廷议。理由之二，乾隆皇帝在世的时候，对旁支入承大统，曾御批两次，也赞成加以徽号。

但老皇帝的最高指示，今世未必管用。细读吴大澂此奏，纯属无事生事，其政治智商基本为零，且有沽名钓誉之嫌。多年之后，为吴大澂撰《愙斋传》的钱基博先生认为，当时吴大澂颇负时誉，声望很高，言下之意是，吴大澂一时忘了自己姓甚名谁了。还有一个原因，吴大澂夙与醇亲王善，于是有此莽撞之举。

但慈禧没有为难吴大澂，没有处分他。与屠仁守相比，一为宽，一为严，体现了慈禧恩威并加、驾驭臣下的作风。反过来说，慈禧也没有理由为难吴大澂。光绪十三年，吴大澂在广东巡抚任上做得好好的，妥善处理了澳门租借地与葡萄牙的纠纷；及时处置了惠州水灾；建成广雅书院，邀请梁鼎芬担任山长，官声极好，获得了两广总督张之洞的好评。吴大澂任广东巡抚时，汪鸣銮为广东学政，汪是吴的表弟，又是他的妹丈。他的幕府中，还有两名苏州老乡，即著名学人、金石专家叶昌炽和江标。同乡旧交，相从甚密，日子过得有滋有味。为了郑州河工，吴大澂放弃了很多。因此，朝廷不能为难他。

但是，受此奏影响，吴大澂在东河总督任上默默无闻了一年。到光绪十六年（1890）正月，吴大澂请假省视母病，报告已经呈上，尚未接到恩准的谕旨，母亲已经去世。真是肝肠寸断，痛不欲生。那时的交通落后，吴大澂正月二十六离开山东济宁的东河总督署，二月十二日才到达苏州，这一路，竟然跑了半个月。

吴大澂故居至今尚存，在苏州凤凰街101号，旧称葑门内南仓桥，一个叫愙斋的大宅子里。愙，这个字很生僻，是"恪"的异体字，谨慎而恭敬的意思。光绪二年，吴大澂在陕西学政任上，得愙鼎，终身宝之，故以"愙"为斋名，并以为号。吴大澂是清代极为著名的古文字学家，就好这一手，玩玩古字古义。愙斋现在呈开放态势，原宅经整修后，由阙旗明先生经营一家高档餐饮，曰明楼。

因为母亲的去世，吴大澂在苏州服丧，丁母忧。

光绪十八年（1892），三年服阙期满，补授湖南巡抚，时五十八岁。吴大澂六十岁后一直倒霉。他太想为国家做点事了，于光绪二十年（1894）自请督师出关，与日军交战。他是一名书生，他不懂"兵非自练，终不可用。马非自练，断不合群"的道理。他自以为他率领的清军，主要由湘军和鄂军组成，历经太平天国战乱，是一支悍军。没想到清军内战内行，外战外行，且有深深的恐日症，两军对峙，未经日军攻击，即已溃不成军，败得非常狼狈。吴大澂丧师辱国，自请处分，应降三级调用，从巡抚直降候补道。朝廷姑念他"舍安就难，尚勇往"，奉旨革职留任，依然回任湖南巡抚。不久开缺，奉命回籍，从此就再也没有出山，直至六十八岁时去世，葬吴县支硎山。

吴大澂有六女，除长者未嫁而殇外，有三女嫁在外地。其中，最为显赫的是与袁世凯做儿女亲家。一个女儿吴本娴天性失聪，女婿袁克定是袁世凯的大公子，却是个跛子，夫妻间交谈只能以笔代口。吴大澂还有一个女儿嫁给了两江总督张之洞的次子张仁颋，结婚才一年，女婿就失足淹死在南京总督衙门的花园里。还有一位嫁给嘉定廖世荫。他有两个女儿嫁在苏州，一位嫁给苏州名绅费树蔚，另一位嫁给潘遵祁的长子、藏书家潘睦先，可惜寿短，在二十多岁就去世了。潘睦先后来再婚,娶嘉兴沈氏为妻。

吴大澂是胡适家的恩人。当年,胡适的父亲胡传仅是一名岁贡生,经张爱玲祖父张佩纶介绍,投奔吴大澂,得到吴大澂的极大赏识。吴大澂任广东巡抚,胡传授命前去处理海南岛黎族互斗案。吴大澂任河东河道总督,胡传襄办郑州黄河工程。黄河治理成功,胡传以直隶州知州分发江苏补用,于光绪十七年(1891)调任台湾台东直隶州知州。甲午战败,马关条约签订,胡传被迫离台,于当年的七月初三日病逝于厦门,年仅五十五岁。时胡适仅三岁,随母亲住在上海。

关于吴大澂治理下的黄河,还需补叙一句。光绪二十九年,陈夔龙出任河南巡抚,他在《梦蕉亭杂记》中写道:"黄河大工,自郑工合龙后,当事者减少秸料,多筑石垛,一望金堤,河流顺轨者十余年。厥后裁撤河督,责成河南巡抚管理。事权专一,收效尤易。"高度称赞吴大澂对治理黄河的绝大贡献。陈夔龙说的这番话,吴大澂已经听不到了。光绪二十九年,吴大澂已经去世。

吴大澂晚年得了风疾,难得出门一次,用风衣风帽将自己裹得紧紧的。吴大澂的篆字写得好,但因为兵败牛庄,连字也不值钱了。有人游北京厂肆,见吴大澂篆联甚佳,问价,索番银二饼,嫌其过昂。厂贾笑曰:"此在甲午前,虽两倍其数不可得。自款日以后,求者渐稀,故所值只此耳。"

道光十五年(1835),吴大澂出生于苏州双林巷。光绪二十八年(1902),在苏州葑门内南仓桥新宅去世。

吴大澂著作两种

李 军

《古玉图考》

双林巷里,明末清初有金俊明的春草闲房,到了嘉庆朝,有吴氏入住春草闲房老宅,特请西泠四家之一的奚冈补绘《春草闲房图》,作为纪念。道光十五年(1835)五月十一日,吴大澂就出生在这个老宅里。

吴大澂,苏州府吴县人,原名大淳,后避同治帝讳,改名大澂,字清卿,号恒轩、白云山樵、愙斋等。同治七年(1868)进士,选庶吉士,散馆授编修。历官陕甘学政、河南河北道、太仆寺卿、太常寺卿、广东巡抚、河东河道总督、湖南巡抚等职。光绪二十八年(1902)卒,年六十八。大澂受外祖父韩崇、业师陈奂等影响,终其一生,致力于金石文字研究,著有《说文古籀补》、《愙斋集古录》、《字说》、《恒轩所见所藏吉金录》、《权衡度量实验考》、《古玉图考》等。

大澂祖父和父亲,虽均留心学问,但因家道中落,不得已弃儒从商。祖父经堃,字厚安,号慎庵。监生,捐授州同。性好古,素好米襄阳书画,得董其昌书"米庵"二字,模以颜其室。与金石学家韩崇交好,韩氏以女归吴氏,即大澂之母韩太夫人。父亲立纲,究心于宋明诸儒心性之学,对于书画创作、收藏鉴赏均兴趣不大。大澂三岁时,其祖父即已去世。故大澂对书画、金石收藏方面之兴趣,全源自外祖父韩崇的熏陶。

大澂一生,因放任外官的缘故,履迹大半个中国。在京师、江南、中原、西北、关东、岭南、湖湘、港澳等地，无不留下他的政绩，考学抡才，勘界赈灾，屯垦息讼，督工练兵，招抚土匪，甚至为领土主权与外国列强谈判，据理力争，重立界碑，是他作为清廷要员日常政治生活的写照。

大澂著作中，以《古玉图考》最为特别，书中著录所藏玉器二百件左右，涉及古代祭祀所用礼玉、日常所用佩玉及剑饰等，每种都注明尺寸、比例、颜色、沁色、纹饰以及出土地点等，并结合传世文献，对器物从形制、尺寸等方面加以详细考证，以正确判定器物的名称和功用。同时，他还对器物的性质、差别进行评介，从而系统阐述了古代的礼玉制度，从根本上改变了以往古玉研究中无统一名称、概念混乱的情况，奠定了古玉学研究的基础。书中所确定的古玉名称和分类的原则，深得古器物学真髓。故《古玉图考》一经问世，便得到广泛认同，其定名大多沿用至今。

乾嘉时期，朴学大兴，一般学者对于小学、金石的研究，往往都有涉足，正如叶德辉所说："诸儒多究心金石，未及古玉。近日吴愙斋尚书始成此《图考》百四十四叶，其中如圭璋、璧玉之属，一一疏经证史，多可纠正前人之失。如自序中所列诸事，皆援据精确，无丝毫疑义。又如'蒲璧'为'织蒲文'，'穀璧'为'聚米文'，视向来《六经图》'蒲璧'画蒲草，'穀璧'画禾穗者，实为近理。其他如'璇玑'为'浑天仪'之机轮，'三孔璋'为'搢笏垂绅'之至旨，亦确有卓见，不同向壁虚造之言。尚书博洽多闻，于金石有深契。近二十年，为此学者绝矣。"

大澂的古玉收藏，始于同治年间，经过十数年的积累，渐具规模，先后加以考证、研究。至光绪十三年（1887）赴广东任巡抚，开始陆续将所藏古玉交族弟大桢绘图，加上他自己手书的考释，于十五年（1889）从河南邮寄上海同文书局，石印问世。西方石印术作为一种印刷新技术，在当时并未得到广泛的认同。大澂敢于尝试，使得《古玉图考》的印本本身也别具一格。虽然他在印出石印本后，又印了雕版本，效果是不同的。石印本不但印刷速度最快，还原度也最好，雕版本则符合传统学者的阅读、收藏习惯。叶德辉对《古玉图考》的评价，侧重于它对古代礼学、礼制的实物证实与驳正，而尚未意识到玉器研究在未来将独立成为一门学科，而导夫先路者，正是吴大澂。

苏州市名人馆所藏《古玉图考》，即同文书局石印本，白纸，线装，两册，金镶玉装。书高三十一点八厘米，广二十二厘米。白口，四周单边，无鱼尾，内含古玉插图一百六十二张。首有光绪十五年夏四月八日吴大澂自序。

据徐沄秋先生回忆，20世纪50年代初期，他到上海访吴湖帆，曾见到《古玉图考》所收的玉器原物，可按《古玉图考》顺序依次摆出，洋洋大观，令人惊叹。经过一个甲子，中历劫难，吴湖帆含恨去世，古玉专藏恐怕不免散落的命运。如今只有翻讨《古玉图考》，才能想象那琳琅满目的展陈了。

《说文古籀补》

吴大澂的金石学研究，在清末民初具有承前启后的作用。而他对金石、古玉的考订，离不开自身的小学基础，这都基于他早年受到吴中宿儒陈奂的教导。

陈奂（1786—1863），初名焕，字倬云，号硕甫，晚号南园老人。世居崇明，乾隆间其祖陈浩迁居郡城，遂占籍长洲。二十七岁时，师从金坛段玉裁。在乾嘉学者中，段玉裁以治许学著名，所著《说文解字注》被公认是有清一代许学的巅峰之作。陈奂于嘉庆十七年（1812）十二月，始从段氏游，为其晚年弟子。当时段氏年已七十八，两人相差五十岁。段氏命陈奂专治《说文》、《毛诗》，三年后，陈奂将往海门，段氏送之，曰："汝闻道早，贾孔不汝逮也，读书舍此无他求矣。"后陈奂终以治《毛诗》著名，其《诗毛氏传疏》堪称清代《毛诗》研究的集大成之作。

道光二十九年（1849）四月，陈奂应两江总督陆建瀛之邀，赴江宁节署，为之校刻金鹗《求古录礼说》、郝懿行《尔雅义疏》、胡培翚《仪礼正义》诸书，直至咸丰三年（1853）才离开江宁。据《愙斋自订年谱》记载，咸丰二年（1852），吴大澂赴金陵参加乡试，荐而未售，颇为失意，却有幸遇乡前辈陈奂于督学署，始从之学作篆书。临别，陈奂赠以本师江沅之祖、乾嘉间宿儒江声之《篆文尚书》，俾其时时临习。

陈奂本善篆书，但书名为其学所掩。俞樾《春在堂随笔》卷八有云："吴中老辈，余所及见者二人。一宋于庭先生翔凤，一陈硕甫先生奂，皆乾嘉学派中人也。于庭先生兼工吟咏，曾赠余诗四章，乃和余迁居之作，已载入第四卷矣。硕甫先生专治《毛传》，吟咏非长，然能为篆书。尝书楹联见赠，云：'金尊日月三都赋，玉洞云霞二酉文。'其书甚佳，既非如老辈人作篆书剪笔头为之者，亦非时下人专摹邓完白一派者可比。后以兵乱失去，意甚惜之。"

咸丰六年（1856），江宁城陷，陈奂避归苏城，馆于潘曾玮家，课其子弟读。大澂就而问学，陈奂授以段注《说文》，大澂日读二三十页。是年，陈奂年七十一，大澂年方二十二，年龄相差近五十岁，与段玉裁、陈奂师弟相仿佛，且大澂亦陈氏晚年弟子。陈奂授以《说文》，而大澂所著《说文古籀补》为晚近古文字学中承前启后之作，可谓不负本师期望。

《说文古籀补》按《说文解字》顺序，逐一对各字加注古文字，并加以小字说明。内容包括古文字出处、相关考释以及对许慎旧说的辩证。书前有陈介祺、潘祖荫两家序及大澂自序、凡例。陈氏认为，此书"溯许书之原，快学者之睹。使上古造字之义，尚有可寻。起叔重而质之，亦当谓实获我心。况汉以后乎！曰许氏之功臣也可，曰仓圣之功臣也可"。评价可谓极高。

罗福颐的《近百年来对古玺印研究之发展》，梳理了元明清三代对战国古玺印的认识，认为"吴大澂作《说文古籀补》，亦收录玺文，是为古鉨文字有著录之始"。裘锡圭在《吴大澂》中也说："关于《说文》'古文'的时代，吴氏的新说确是划时代的创见。"并认为较之王国维，"他也许可以看作战国文字研究的奠基者，至少可以看作最重要的一个先驱者"。不同学者多方面的评价，无疑是对大澂古文字学成就的肯定，可推其为清代许学研究的殿军。

综观大澂一生，对于《说文解字》之研究，涉及小篆、金文、六国文字（古玺、古陶等）。经两次修订而成的《说文古籀补》，虽是针对许慎《说文解字》而作，但偏重于《说文》中的古文与出土金文、六国文字的比勘考订。大澂专力于此，志在复六经旧观，其苦心孤诣，与清代朴学以小学治经学的思想一脉相承。在《说文古籀补》中，大澂使用的传世经典结合出土文献的研究方法，更开启了王国维所谓"二重证据法"古史研究的序幕。

苏州市名人馆藏《说文古籀补》十四卷附录一卷，光绪二十四年（1898）刊本，四册。书高三十二厘米，广十八厘米。每半页八行，行三十四字，小字双行二十五字（不一）。白口，四周单边，单鱼尾。卷首有光绪年间潘祖荫、陈介祺等序，吴大澂自序。

《愙斋自订年谱》稿本

钱轶颖

　　2013年，苏州市名人馆征集购藏吴大澂《愙斋自订年谱》稿本一册，六眼毛装本，开本高三十五点四厘米，宽二十二厘米，书衣左上角有墨笔篆署题端"愙斋自订年谱"，卷端大题相同。全册五叶，均为吴大澂行楷手书，不全，自道光十五年（1835）出生记至同治十一年（1872）三十八岁止。其中遇"旨"、"朝"、"钦"、"命"等字，均另起一行上提一格。书中有双行小字，凡脱漏者另于行间补抄，三十八岁一条下阙如未记，且末叶空白甚多，似乎是戛然而止者。

　　吴大澂（1835—1902），清苏州府吴县人，字清卿，号恒轩、愙斋。少时即有经世之志，通籍后置身国事近三十年，督抚地方及会办洋务，于勘界、塞河、恤民、交邻、弭患等皆治迹卓著。居官敢于直言进谏，指陈时政，重民务实，盛负时誉。尤其是在办理东北疆防时，与俄使巴拉诺夫会勘边界，据理争回被沙俄非法侵占的黑顶子地区，并签订《中俄珲春东界约》，成为青史美谈。甲午中日战起，其不顾年衰，弃安就危，请缨亲赴辽东沙场，却因兵败罢黜，永不叙用。虽然他的政治生命以悲剧收场，但作为文物鉴藏家，特别是在金石考订和古文字学研究上的成就，最终确立了他在中国近代学术史上的崇高地位。

　　查考迄今为止有关吴大澂生平年谱整理研究者，主要有两种。一种是顾廷龙编著的《吴愙斋先生年谱》（以下简称顾本），乃顾廷龙应顾颉刚编辑《燕京学报》之约，在吴中收罗故实，遍访亲朋，耗时近六年于1934年成书。此书旁征博引，考订精审，堪称吴大澂年谱中之最详要者。书中附录《愙斋先生著述目》之二

《未刊各书》，第十五种即《自订年谱》，顾廷龙于注云："原稿为寮属索阅未归。当时先生女夫潘睦先曾录副一通，其后亲族皆从潘氏传抄得之。"没有具体说明他所看到的《自订年谱》是稿本还是抄本，也没有说明其确切来源。只是说在搜集资料时，"先后承费仲深姻丈、吴湖帆表兄出先生手迹相示，亲朋有藏弆者亦咸以见告"。另一种发表于1930年上海出版的《青鹤》半月刊（以下简称青本），2007年，中华书局出版《〈青鹤笔记〉九种》（近代史料笔记丛刊之一），第五种为《愙斋自订年谱》一卷，系据《青鹤》半月刊的连载，重新标点、分段，并非直接从原稿而来。而《青鹤》所刊者，当所据吴湖帆藏本或顾廷龙所见者。另外，2009年，华东师范大学出版社出版今人印晓峰点校的《愙斋诗存》（以下简称印本），附录《愙斋自订年谱》一卷，乃依上海图书馆藏潘承谋抄本为底本，参校青本整理。

以名人馆藏稿本中具体条目，与顾本、青本、印本对勘，发现顾本、青本、印本几乎完全相同，仅个别字词、标点有异，而馆藏稿本虽内容相近，然文字大多迥异，且较为简略，盖因是初订草稿之故。如谱主早年入塾受业，避难庚申之乱，结交前辈吴云斋，与胞弟同榜中举，劝捐设厂赈济江北难民，中进士点翰林，入李鸿章幕随往陕西、天津，散馆考列第三授职编修等条目，馆藏稿本的记载，内容与诸本相近，但文字都相对简略，且部分条目与诸本略有出入。如谱主入陈奂门下的时间，馆藏稿本为咸丰三年癸丑（1853），比诸本记载的咸丰二年（1852）晚一年。另有个别内容仅见馆藏稿本。如咸丰六年丙辰（1856）下，有"馆外祖父韩履卿先生家，授芝生母舅，临小米《海岳庵图》卷"诸语。由此可知，吴大澂外祖父韩崇宝铁斋曾藏有米友仁《海岳庵图》手卷真迹或者摹本，此条内容未见诸本著录。

综上所述，顾本和青本所据底本，很有可能是同一种，即吴大澂嗣孙吴湖帆所藏者，而印本则以上海图书馆藏潘承谋翻抄本为底本。馆藏稿本的撰写时间当早于上述各本，具体年代不详，上海图书馆翻抄本有潘承谋跋，曰："先生在湘抚任，手订年谱，原稿本为长沙、善化两令将以文寿先生索去，故止于到湘之岁。"或确如顾廷龙所言，系吴大澂光绪二十一年（1895）在湖南巡抚任上，草就未完，而"为寮属索阅未归"者。

吴大澂作为晚清名人，其生平事迹关涉中国十九世纪末政治外交、金石考古诸多领域。苏州市名人馆藏《愙斋自订年谱》稿本，可与现行诸本互勘，正讹拾遗补阙，具有相当史料价值。

吴氏人物札记

王 放

吴 讷

吴讷,字敏德,一字克敏,号思庵,学者称思庵先生,常熟人,生于洪武五年(1372),世居城内子游巷。据冯复京《明常熟先贤事略》说,他是言偃的后裔,因祖上坐事亡匿,以言偃追封吴公,故改姓吴氏。其名讷,取"君子欲讷于言而敏于行"(《论语·里仁》)之意,与他一生的为人处事很是切合。

他三岁时,母亲王氏去世,鞠育于祖母,六岁得继母陈氏抚养。自小颖敏,七岁能背诵五经正文,少年时就以性情刚毅、学行端洁名闻乡里。有伙伴章珪,后来官至监察御史,两人经常一起游玩,都豪迈自雄,各不相让,就想比试一下谁的胆子更大。当时福山有东岳祠,祠中塑有酆都地狱,至为狞恶恐怖,又暗设机关于铺地,人无意踩着,那泥塑的无常、夜叉们就会一拥而上,突然出现在面前,殿堂内也阴森闃寂,平日往游者都结伴入内,不敢单身独往。章珪就与吴讷相约,当月黑天阴之时各归各去,带上饼饵,在每尊鬼像前放上一个。约定后,章珪就先自去了,躲匿在神帐内。吴讷到后,就将饼饵一一放在鬼像前,每至一鬼像,就说:"与汝一个。"至章珪躲匿处,章珪伸出手来,幽幽地说:"吾也要一个。"吴讷即以饼饵与之,说:"也与汝一个。"镇定自若,一点也不惊异,章珪大为佩服,自叹不如。

吴讷之父吴遵道,字敬叔,以贤良授江西铅山主簿,后改湖广沅陵,不知为何坐事,逮系京师。时吴讷年方弱冠,上书乞以身代,事未得白而父病殁。他扶柩以归，治丧如礼，不用僧道念经鼓吹。未久，祖母、继母又先后去世，他哀毁瘠立，至而厌弃尘世，移居北郭，在那里静心读书，尤用心于医道。时江阴、崇明两县知县慕其学行，拟荐为司训，时外祖母尚在，他不肯远游。

永乐末，吴讷以医生荐，来到南京。当时东宫朱高炽监国，襄城伯李隆请吴讷代撰《河清颂》以上，朱高炽读了甚为欣赏，说："此经艺之文，武臣何办此也？"问是谁代的笔，李隆以实相告，于是召见吴讷，命他在春官署教授诸功臣子弟。相传他借居的邻家有个寡妇，年轻貌美，某天半夜来到他的卧室，时正下着大雨，他排户而出，站在屋外，直等到天亮，次日就迁居他所。不久，因大学士杨士奇荐，驿召至北京，临行之时，李隆赠以紫貂裘帽及白金百两，他一无所受。至北京，觐成祖朱棣于便殿，奏对称旨，安排日侍禁廷，以白衣备顾问。

洪熙元年（1425），吴讷又以侍讲学士沈度等荐，擢为监察御史。宣德初，出按浙江，以振风纪、植纲常、兴教化、美风俗为务，揆咨吏治，赫然有声。曾表陆贽里，修岳飞坟。仁和县庠有宋高宗赵构御书《九经论孟碑》，散落在道路上，他将一百二十多块断碑拼凑起来，置之殿廊。又有李公麟所画圣贤像石刻，上有秦桧题跋，他即命磨去。二年（1427）又巡按贵州。贵州距京师万里，各驿丞每满考赴部，往来以两年为程，驿事尽废。他对这个制度作了改革，依云南之例，三年一赴，布政司考覈九年通考然而赴京，大大简化了考核办法。由贵州将还，当地百姓上疏乞留，未获允许。启程之日，各族官民涕泣相送数百里。按当时惯例，他回京师当汇报三司得失，某都司一路追至瞿塘峡，送上黄金若干两，时四下无人。吴讷拒绝，并不启封，对那都司说："枉公道，受私赂，天其厌予，不虞水波恶邪？"并在包封上题诗一首，诗曰："萧萧行李向东还，要过前途最险滩。若有赃私并土物，任教沉在碧波间。"可见他既清廉而又不激厉。五年（1430）七月，进南京都察院右佥都御史，寻迁左副都御史。一日，至朝天宫谒晋人卞壶之墓，见墓地被道士占去，偪隘褊狭，即命道士撤去垣屋，归还侵地。

吴讷任御史时，依于忠厚，务弘大体，又持正不挠，一时以名德相推。正统初，光禄丞董正等盗窃官物，吴讷发之，谪戍四十四人。时有右通政李畛，奉使苏松，行事多不谨，吴讷微言劝诫，李畛心中不悦，反诬吴讷稽延诏书等事，吴讷疏辩，俱下狱鞫之，既而事白，恢复原官。时朱祁镇初御经筵，吴讷录所辑《小学集解》上之。四年（1439）三月，其年七十，以老疾乞退，吏部奏留，然去意已决，优赐宴钞以归里。

吴讷在御史任上十余年，所作所为，受到时人的高度评价。陈敬宗说："公渊乎其学，炳乎其文，才识议论，博古达今。今其在台宪十有余年，謇謇愕然，正气凛然，其心宽厚仁恕，未尝察以求人过，而奸赃不法之徒自然消缩摧沮，不敢喘息。"（《明名臣琬琰灵》）王直说："海虞吴敏德为都察院右佥都御史，持敬慎之心，秉廉直之节，其议论举措，有前贤之遗风，视世之随俗变化、方外而圆内者，相去远矣。"（《吴敏德画像赞》）

回常熟后，仍住在北郭，所居四壁萧然。周忱巡抚江南，想为他在城中旧居重起宅第，他谢绝了，说："某素不爱华靡，何为劳民伤财以重吾罪耶？"周忱听了，只好作罢。有一天，他步行上山，有负薪者紧随其后，他让出道左，那人认识他，就说："贱辟贵。"他就说："轻辟重。"一时传为佳话。钱昕是吴讷的外孙，初习举业，他赠诗一首曰："阿昕近喜习科场，百里从师日夜忙。我老曾闻前辈说，一凭阴骘二文章。"钱家甚富，此诗亦有规讽之意，后钱昕以清正廉洁著名，也不负老人厚望。他有时也颇为调侃，谈及浅学后生时说："此《韵府群玉》秀才，好趁航船尔。"意思是航船接渡往来，船上之人，偶语纷纷，其碎破摘裂之学，只可供谈笑而已。他又自奉俭朴，平生食不兼肉，衣无完彩，真所谓是布衣蔬食。

吴讷读书广博，通达古今，学端识明，志笃行庄，议论根据义理，于性理之奥多有发明。晚岁闭门著述，魏骥说："至其为文，根柢则以群经为之本，波澜则以迁固为之辅，于是形诸论著，不苟同人，言必以实而要其归，则一本于理。"（《思庵文集序》）所著有《祥刑要览》、《小学集解大全》、《性理补注》、《吴文恪公大全集》、《文章辨体》等。他家居十六年，于天顺元年（1457）卒，年八十六，葬报慈里祖茔。乡人祀之言偃祠，弘治中谥文恪。

吴　宽

吴宽故居在苏州城中乐桥西北，今有尚书里，因吴宽官至礼部尚书而得名。又有别业东庄，在葑门内，本是其父吴融所构，李东阳《东庄记》记道："苏之地多水，葑门之内，吴翁之东庄在焉。菱濠汇其东，西溪带其西，两港旁达，皆可舟而至也。由凳桥而入，则为稻畦，折而南为果林，又南西为菜圃，又东为振衣冈，又南为鹤峒,由艇子浜而入,则为麦丘,由竹田而入,则为折桂桥,区分络贯,其广六十亩。而作堂其中,曰续古之堂,庵曰拙修之庵,轩曰耕息之轩,又作亭于桃花池,曰知乐之亭,亭成而庄之事始备,总名之曰东庄。"沈周为绘《东庄二十一景册》。其址所在,即今苏州大学本部。

  吴宽,字原博,号匏庵,晚号匏翁,长洲县人,生于宣德十年(1435)。生有异质,未冠入郡庠,诸生都竭力于举业,唯他博览群书,好为古文辞,下笔已有老成风格。但屡试应天不利,以岁资贡入太学,上海张汝弼见而奇之,说道:"天下贡士有若此者乎?"江阴卞华伯对他也颇赞赏,有"低头拜东野"之句。徐有贞为人高迈少可,却折节与交,称他是"馆阁之器"。有人乞墓志于有贞,有贞问:"若欲以名宦以荣亲耶?欲传世之文耶?"那人说:"为亲不死计,正欲传世耳。"有贞说:"若是则吴宽秀才其文足传世者,盍往求之。"可见有贞对他的器重。但科场屡挫,他已心灰意懒,绝意仕进,不肯复应举,成化四年(1468)天台陈选以御史督学政于南畿,以礼敦遣,不得已入试,名列第三。

  据王世贞《弇山堂别集》记载,"吴有时名,尝投诗李编修东阳,东阳荐于同列,以为其人必状元也"。果然,成化八年(1472)吴宽会试第一,入试大廷又第一,高中状元,授编修。旋被选侍太子朱祐樘,秩满进右谕德。朱祐樘即位,是为孝宗,以旧学迁左庶子,预修《宪宗实录》。《实录》成,进少詹事兼侍读学士。弘治八年(1495)擢吏部右侍郎。丁继母忧,服满还任,转左侍郎,掌少詹府事,入东阁,专典诰敕,仍侍太子朱厚照,又充《大明会典》副总裁。十六年(1503)《会典》成,进礼部尚书,兼学士,修《历代通鉴纂要》,仍充副总裁。明年,他七十岁,数次引疾求退,然屡诏恳留,并有"学行闻望,舆论攸归"之语,不料竟卒于任上,时在弘治十七年(1504)七月初十日。孝宗得悉噩耗后,为之震悼,命有司治葬,谕祭者四给驿舟,遣官护柩而归,特赠太子太保,谥文定。明年冬十一月落葬苏州西郊花园山,王鏊为撰神道碑,李东阳为撰墓志铭。后在天赐庄折桂桥东建吴文定公祠,在鱼行桥北立状元坊,在尚书里口立尚书坊。

  吴宽在馆阁三十年,行履高洁,不为激矫,自守以正。凡制作多出其手,传播中外。职位益高,声望益重,学者都尊称他匏庵先生。每在东宫进讲,娴雅详明,意存讽谏,至理乱邪正之际,则反复讲述。朱厚照在东宫时,宦官都不希望他多接近儒臣,想方设法减少讲授的次数,朱厚照也乐得自在,可以放纵游玩。吴宽就上疏道:"东宫讲学,寒暑风雨则止,朔望令节则止,一年不过数月,一月不过数日,一日不过数刻。是进讲之时少,辍讲之日多,岂容复以他事妨诵读。古人八岁就傅,即居宿于外,欲离近习,亲正人耳。庶民且然,矧太子天下本哉?"还说:"借曰习读于内,终不若出就外傅,亲近儒臣,讲明治道,所得为多也。"孝宗采纳了他的意见。又有建言者,说元儒吴澄出处不正,不宜从祀孔子。孝宗诏廷议,吴宽说:"从祀亦观其有益于经传否耳,苟有裨经传,则扬雄、马融昔皆不废,今独得废澄耶?"又孝肃周太后崩,将祔睿庙,孝宗诏礼部集议,吴宽说:"昔周祀后稷、姜嫄,祭于别庙,《诗》谓之闷宫;鲁桓公之母仲子不得祔庙,《春秋》书考仲子之宫。至宋,始有两后并祔之说,然岂后世所宜法哉?"众大臣也以为有理,故诏周太后别庙奉享。

吴宽好古力学,至老不倦,于权势荣利,则退避如畏。在翰林时,于所居之东筑园,退朝则执卷吟哦其中。每良宵佳节,则以召客分题联句为乐。当他被选入侍东宫,同僚相贺,他蹙然道:"我何以当此任哉,我何以堪此劳哉?"当时词臣中声望最重的是吴宽、谢迁,两人都是状元,吴宽温粹含宏,谢迁明畅亮直,并有公辅之望。谢迁既入阁,欲引吴宽共政,但为刘健所阻。谢迁对他说:"吴公科第、年齿、闻望皆先于迁,迁实自愧,岂有私于吴公耶?"及谢迁引退,荐吴宽自代而未果,朝野之士都为之惋惜,而吴宽说:"吾初望不及此,吾处此甚宜之,甚安之。"故王鏊说:"公端靖渊穆,不溷溷为同,不峣峣为异。士无贤愚,见者靡不归心,公亦保合兼容,不见畛域。平生不闻有毁誉之言,亦不见喜愠之色,其古所谓大雅君子者乎。"(《吴公神道碑》)

他在当时有隆高的文化地位,于书无不读,诗文有典则,兼工书法。《四库全书总目》称其"学有根柢,为当时馆阁钜手。平生学宗苏氏,字法亦酷肖东坡,缣素流传,赏鉴家至今藏弆。诗文亦和平恬雅,有鸣鸾佩玉之风"。他所处的时代,正是台阁体极盛之时,前有杨士奇等导其波澜,后有李东阳等为之推挽,而吴宽才雄气逸,足以笼罩一时,明代中叶以还,吴中文士未有能过之者。黄宗羲《明文案序》说:"成弘之际,西涯雄长于北,匏庵、震泽发明于南,从之者多有师承。"其为文,不事雕琢,独严体裁,蕴藉简淡,理致悠长,出入欧苏间,成一家之言。为诗浑然天成,不见痕迹,沉着高壮,一洗当时尖新之习。所著今存《匏翁家藏集》、《皇明平吴录》、《唐宋名贤历代确论》等。作书则温润中时出奇崛,虽规模苏轼,而多所自得。他还是藏书家，朱彝尊《静志居诗话》记道："余尝见公家遗书偶有流传者，悉公手录，以私印记之。前辈风流，不可及也。"

吴宽以文章德行负天下之望者三十年，在苏州时，他与沈周、史鉴最相投契，车马簦笠，往还无倦，文徵明等则师事之。故他在苏州的影响更大，《明史》称"吴中自吴宽、王鏊以文章领袖馆阁，一时名士沈周、祝允明辈与并驰骋，文风极盛"。那是苏州文化最辉煌的时代，而吴宽乃是最重要的人物之一。

吴一鹏

吴一鹏，字南夫，号白楼，学者称白楼先生。世家苏州府长洲县山塘里，祖吴琮、父吴行都不仕，后因一鹏贵而得以封赠。一鹏生于天顺四年（1460）十一月二十九日，自少端重秀颖，为诸生时即好为古文辞，不专攻举业，但程式之文，藻丽隽发，擅名一时。

成化二十二年（1486），吴一鹏领乡荐，同年遭内艰，庐于墓次。弘治六年（1493）登进士，改翰林院庶吉士。当时学士李东阳、程敏政都以文章负重名，对人不轻易赞许，但每年庶吉士考核，一鹏都在前列，故两位对他亟加称赏。八年（1495）除编修，预修《大明会典》。时户部尚书周经被谗去官，他上疏请留之，众人都说他有匡时之志。正德二年（1507）进侍讲，充经筵讲官，以音吐洪亮、辞旨清切而耸听左右。当时刘瑾盗政，朝士见到他多屈膝卑拜，唯一鹏与之相遇，长揖而已，刘瑾怀恨在心，但一时也找不到报复的机会。四年（1509），预修《孝宗实录》成，按例当进秩，刘瑾素恨翰林官，以"翰林官当扩政事"为由，将一鹏等十六人俱调南京六部，一鹏得刑部广东司员外郎。一鹏在任上，详敏仁恕，囚犯感服无已，同僚取他拟的狱词来读，都惊叹为"老吏笔也"。五年（1510）迁礼部祠祭司郎中。刘瑾伏诛后，一鹏复为侍讲，进侍讲学士，历国子祭酒、太常卿，并在南京。

正德十六年（1521）三月十四日，武宗朱厚照崩，因无子可继皇位，首辅杨廷和以《皇明祖训》"兄终弟及"的原则，提议朱厚熜即位，因他的父亲是宪宗朱见深之子兴献王朱祐杬，伯父是孝宗朱祐樘，经皇太后张氏同意后，即由谷大用、梁储、徐光祚等去他的封国安陆迎接，四月二十二日至京师，在奉天殿即皇帝位，是为世宗，第二年为嘉靖元年。

世宗登基后第五天,诏令礼官集议其生父朱祐杬尊号事,由此而发生持续多年的"大礼议"事件。首辅杨廷和、礼部尚书毛澄为首的朝臣,主尊孝宗为皇考,朱祐杬为皇叔父;而观政进士张璁、南京刑部主事桂萼迎合上意,议尊朱祐杬为皇考,双方争论激烈。至嘉靖三年(1524)三月,世宗追尊父母为"本生皇考恭穆献皇帝"、"本生母章圣皇太后"。七月,世宗又采张璁、桂萼之言,去"本生"之称,掀起罕然大波,朝臣两百余人跪于左顺门前固争,继而伏阙大哭,世宗大怒,下狱者一百九十人,廷杖而死者十六人。九月,尊孝宗为皇伯考,献皇帝为皇考,"大礼"遂初定。这一事件的表面虽是礼文末节,但其背后却隐藏着大臣们的争权夺利,统治集团的组成自此而发生变化,对嘉靖朝的政治有很大影响。

一鹏在世宗即位后,召拜礼部右侍郎,寻转左,当汪俊罢官后署部事。在"大礼议"中,他是站在杨廷和、毛澄一边的。三年四月,世宗令一鹏在大内建献帝庙,以祀其父献帝朱祐杬。一鹏以为不可,集廷臣上疏,有曰:"若立庙大内而亲享之,从古以来未有也。臣等宁得罪陛下,不欲陛下失礼于天下后世。"故建议"乞罢建室之议,立庙安陆,下璁、萼等法司按治"。世宗固执己见,说:"朕起亲藩,奉宗祀岂敢违越。但本生皇考寝园,远在安陆,于卿等安乎? 命下再四,尔等欺朕冲岁,党同执违,败父子之情,伤君臣之义。"一鹏又陈述四方灾异,试图让皇上回心转意,说道:"自去年六月迄今二月,其间天鸣者三,地震者三十八,秋冬雷电雨雹十八,暴风、白气、地裂、山崩、产妖各一,民饥相食二。非常之变,倍于往时,愿陛下率先群工,罢营缮,信大臣,纳忠谏,用回天意。"世宗还是不听,手敕史奉先殿西室为观德庙,并命一鹏等迎献帝神主于安陆。当他还朝时,已发生左顺门之变,形势急转直下。有给事中陈洸,已外补佥事,仍冒旧衔,上疏以希留用。此人在"大礼议"时是迎合帝意的,一鹏上疏,劾其无耻,世宗不听,竟以得罪而遭苛责。

同年九月,一鹏以本官兼翰林学士,入东阁专管诰敕,时修《武宗实录》,仍命充副总裁,四年(1525)进礼部尚书。是年冬乞假归吴省墓,命驰驿以行。五年(1526)回北京,上疏曰:"臣途中往来,见江南亢旱,淮北大水,乞遣官体勘,或蠲其租,或贷之以粟。河道湮塞,乞下诏访求,或浚故道,或开别支,则民艰济而河运通矣。"世宗嘉纳之,下其事于户、工两部。一鹏见政治环境变化,数次奏乞休致,世宗皆温旨慰留,有"纯谨端谅,学行著闻"之语。时内阁缺人,廷议两次以他的名字上闻,张璁、桂萼正擅政,素衔一鹏,乃出为南京吏部尚书,加太子少保。

一鹏毫不介意,笑道:"此吾旧游之地,意所恋也。"居官两年,年甫七十,有劾王琼等大臣不称职,一鹏也在其中,遂乞致仕。世宗还是厚待他的,月给米三石,岁给舆夫四名,也是很少有的待遇。

一鹏回苏州后,在所居之西创建崇正书院,凡乡人子弟来学者,不但全部接收,还割田百亩,供膏火之费。他尤以表先贤、厉风俗为事,向府县官建议,拓修尹焞三畏斋,并祀胡瑗、范仲淹,为三贤书院;陆贽墓在齐门外,颇为居民所侵,亦复其故。他还率众修葺蠡口孝子陈兴立祠、常熟孝子周容祠等。永乐初长洲县丞刘幹遗爱在民,一鹏为其在半塘的衣冠冢题额"以从民志",民间耳目为之一新。他前后义举尤多,惠利所及不止于亲故乡邻而已。他在山塘故宅有玉涵堂,又别筑真趣园,亭馆山池,清邃幽雅,高人韵士往来不绝,与郡中诸公一月一会,作文字之饮,隐然有洛社之风。春秋佳日,遨游山水间,《游支硎诸山回漫兴》诗曰:"好山是处一登临,醉里诗成醒后吟。婚嫁尚多儿女债,利名无复市朝心。江鲈入馔秋方浅,庭鹤随行岁已深。游衍日长筋力倦,憨眠时就碧桐阴。"其文效欧阳修,平正丰润,足自名家;诗宗盛唐,有风骨,耐咀嚼,朱彝尊《静志居诗话》称"尚书名位与原博、济之鼎峙中吴,诗虽不敌原博,品在济之伯仲之间",所著今存《吴文端公集》等。

一鹏家居十四年,嘉靖二十一年(1542)二月初一日卒于家,享年八十三岁。讣闻,诏赠太子太保,谥文端,遣官谕祭四次,并命礼部员外郎王楠护葬事。同年十月落葬阳山,罗钦顺为撰神道碑,文徵明为撰墓志铭,另方鹏为撰《白楼吴公一鹏传》。

藏在妆奁中的十里洋场

——吴友如飞影阁仕女画研究

周孟圆

苏州市名人馆藏《吴友如真迹仕女画集》、《沪妆士女图册》、《飞影阁画》三种。

《吴友如真迹仕女画集》是《吴友如真迹画集》全六册中的一册,另五册为人物、百鸟、百兽、名胜和花鸟。由上海颐庐编辑,大东书局于1930年8月刊行。馆藏为初版,图册高二十厘米,宽二十六点五厘米。白纸石印,每页一图,共一百幅。内分上下集,线装一册。卷首有叶楚伧、林承绪序。

《沪妆士女图册》收图九十八幅,白纸石印,内容均为清末上海女子日常生活写照。前八十八幅为吴友如作,后十幅为周慕桥作。图册高二十五厘米,宽二十六点五厘米。图版尺寸、页脚编号与《飞影阁画报》相合,疑为后人裁百期画报首页装订成册,因缺光绪十六年(1890)九月下刊和十月上刊,故为九十八幅。

《飞影阁画》收图七十一幅,白纸石印,题材多取人物故事和诗文典故。前三十三幅为吴友如作,后三十八幅为周慕桥作。图册高二十一点五厘米,宽二十二厘米。首页书眉处原刊《飞影阁画册小启》,被裁去首行。画本页脚有编号,疑为后人将吴友如《飞影阁画册》第二、四、六号,合周慕桥《飞影阁士记画册》第三、四、七、十二号,裁切成了同一尺寸装订成册。

此三本画册,乍看风格一致,题材相近,细究起来却各有奇处。凡吴友如所作仕女画,大多在他离开点石斋后所作,不仅是他艺术生涯高度成熟时期的代表,更揭示了他脱离藩篱后,胸中涌动的自由意识和艺术抱负。笔墨虽在妆奁翠钿间徘徊,却大有摹写时世、留名千古之意。

从点石斋到飞影阁

吴友如(约1840—1894),清苏州人,原名猷,又名嘉猷。关于他的身世,几无文献可考。郑逸梅《点石斋石印书局和吴友如其人》说,他出身贫寒,少年丧父,由亲戚送至阊门裱画铺作了学徒,并在那里学习了桃花坞木刻年画的技艺。龚产兴《吴友如简论》则说,他出身商贾世家,前往上海后学习了画画,曾在自述中言及"幼承先人余荫,玩愒无成",吴氏后人亦附同这一说法。

咸丰十年(1860),太平军攻打苏州,吴友如避难上海。适逢英国人美查(Ernest Major)在沪创办《申报》,为了加大报纸销量,决定随报每旬赠送一份石印图绘新闻;光绪十年(1884)创办了《点石斋画报》,主旨是"天下容有不能读日报之人,天下无有不喜阅画报之人",强调新闻画的通俗性、趣味性和传播性。吴友如被邀请主持画报的绘制,随着画报的热销,吴友如声名鹊起,扬名海上。

光绪十五年(1889)秋,美查离开上海,返回英国。十六年(1890)秋冬,吴友如深感"该报有外人掌握,诸多掣肘",于是借故退出点石斋,自立门户,创办了《飞影阁画报》。

吴友如创办《飞影阁画报》的动机有很多,归纳起来可概括为三点:第一是不愿受人所制,美查离沪后的公司"清规戒律甚多,作画内容也常受干扰";第二是为了满足日渐增多的求画者,他在《飞影阁画报》发刊词中说:"海内诸君子争以缄素相属,几于日不暇给。"于是决定自己另办画报供人赏玩,"以酬知己";第三点最关键,也可以说是吴友如离开点石斋后艺术风格突变的根本原因,即为了彻底摆脱画工之嫌,确立画家地位。

当时为《点石斋画报》绘制时事新闻画的画师众多,有张志瀛、金蟾香、顾月洲、周慕桥等,他们采用中西结合的画法,将西洋解剖、透视技法融入传统中国画,形成了别开生面的"海派"人物画风。但这些画稿多为新闻服务,着力于叙事性而削弱了艺术性,创作者也多被视作画工,并不为传统批评家所重视。但每期随画报附送的两页文人画谱,则邀请任伯年、任阜长、沙山春等描绘人物仕女、花卉鸟兽，这些册页则被看作是真正"时下名手"的雅玩艺术。吴友如在主持《点石斋画报》时，主要精力放在新闻画上，虽然在市民阶层中广为畅销，却始终不被士夫阶层所认可。不能在传统题材上大展拳脚，这对于画家来说是不服气的。吴友如独家创办《飞影阁画报》，以一人之力全权包办新闻画和文人画谱，每张均具名落款，也是力图证明自己在文人画和历史画方面的才能，是谓大显身手，也印证了他在发刊词中所言："然则是册也，余敢不尽技以献耶！"

《飞影阁画报》于光绪十六年（1890）九月初三发行，为旬刊，逢三出版。它的形式延续了《点石斋画报》，一期十图，七幅新闻时事画，首页赠送一幅"时妆仕女"，末尾又一幅"百兽图说"、一幅"闺艳汇编"，仿折叠装，版心高约二十六点五厘米，宽约十二厘米。在吴友如主持下办了将近三年。于光绪十九年（1893）春转手给周慕桥，由他续办《飞影阁士记画报》。

馆藏《吴友如真迹仕女画集》，是大东书局整理吴友如"闺艳汇编"系列粉本后，于1930年出版丛集中的一册。而《沪妆士女图册》，则是后人收藏《飞影阁画报》百期首页"时妆仕女图"，自行整理，装订成册。

《飞影阁画报》总共办了九十期，从九十一期开始，更名《飞影阁士记画报》，标志着周慕桥时代的开始，由周一人编绘。周慕桥延续了前刊编号，并为了画报的连续性，将吴友如设立的"时妆仕女"、"闺艳汇编"和"百兽图"刊载满了百期。自一百〇一号起才做更改，并在光绪十九年五月十三日的《申报》上刊登告示："百兽及闺媛图，其数已满，因增入《续无双谱》及《金盒记》两种，以餍阅报诸君之心。时妆仕女则为养蚕图并附说，售报处所悉仍囊例。"这也解释了《沪妆士女图册》后十幅实为周慕桥所做的缘故。

放弃《飞影阁画报》的吴友如，于光绪十九年八月间改办《飞影阁画册》，每月两期，逢朔望出版，最大的改变在于完全舍弃了新闻时事画，一心专攻历史人物、诗画故事和仕女山水等传统题材。画册出至十期后，吴友如于光绪十九年十二月十一日（1894年1月17日）突然"撄疾逝世"，此册中的《十八学士登瀛洲》就此成了绝笔。同年，周慕桥也走上了吴友如的老路，放弃了《飞影阁士记画报》，接手改办了《飞影阁士记画册》。馆藏《飞影阁画》，即这一时期，吴、周两人石印画册中部分内容的合订本。

沪妆仕女画和洋场生活

吴友如离开点石斋后，获得了更多创作上的自由，画风因此发生变化，一方面反映了他的志趣所向，另一方面也是时下"阅报诸君"品位的体现。这些读者虽不能直接决定画报的命题，但他们的精神趣味和评论导向，促使吴友如不断去追求更多文人画的艺术性。

《飞影阁画报》附赠的仕女册页，可看作吴友如为迎合时下传统审美眼光的产物。其中每刊末尾的"闺艳汇编"，以历史故事中的仕女为题材，如西施、虞姬、洛神、花蕊夫人等。他笔下的古典美人，形象瘦弱，画风工整，面部画法受同时代沙山春的影响较大。

每刊卷首的"时妆仕女"，则更突出吴友如"东西贯通"之长，塑造了一个个衣着摩登的女子和她们富有情趣的香闺生活，弹琴、梳妆、赏花、玩骨牌、斗蟋蟀，既有明清以来传统仕女画的闲适情怀，更反映了当时的时髦生活，有了西洋钟、黄包车、照相机等洋场新生事物。这批画作摆脱了新闻画对文字故事的依赖，在构图上留白更多，画面更为精细，又于继承中有所创新，并未落入传统文人的窠臼，是真正顺应时代需求的社会风俗画。

丰子恺在《读画漫感》中说，吴友如这"小袖口，阔镶条，双鬓，小脚"却行着时髦事的海上百艳图为女孩子们最爱看。郑振铎在《近百年来中国绘画的发展》中则认为，吴友如的成就在于"他的画保存了许多的中国半封建、半殖民地社会的现实主义的记录"，是"中国近百年很好的'画史'"。从以画证史的角度看，这批时妆仕女图为清末女子娱乐生活和社会地位的研究提供了鲜活的视觉材料，更是一个窥探上海十里洋场风貌的绝佳窗口。

如第四十二号《别饶风味》，画面中一群女子正在西餐厅中用刀叉吃大菜，背景中壁炉、水晶吊灯、西洋钟一应俱全，而桌面的红酒杯和胡椒瓶亦刻画得清晰细腻。

第五十六号《我见犹怜》中，两位沪妆女子正在照相馆中摆姿势拍照，其中一位手执扇子、绢帕和书卷作为道具，另一位的身后则可以见到彼时作为摄影布景的西式罗马柱。而吴友如作为一名晚清画家，对于西方文化的一知半解，也体现在了这根柱子错误的比例和柱头样式上。另外，画面中以吴友如一贯的方法，出现了传统界画平行透视和西洋线性透视两相结合的空间处理。对于这种实验性的尝试，丰子恺评论："一处风景，他往往有两个'消点'，使远近法不统一。这在中国画中是寻常的事。但在洋风甚著的吴友如先生的画中，我认为是美中不足。"

但吴友如毕竟在调和中西画不同造型特点的道路上一马当先，迈出了探索性的先驱步伐。他所倡导的画新事、通古今以及所采用的折中透视法很快成了一种视觉风尚。一批平民画家跟随他加入这股巨流，与任伯年、钱慧安等士夫画家相逐，共同汇合成了波澜壮阔的海上画派。

在面对传统画家的诘难时，吴友如曾有力反驳，称绘画应随时代而变迁。现代人看宋元人的画，无不认为古雅清逸，岂知宋元人不过是画眼前的东西罢了。那我们又有什么理由拒绝新事物呢？但在短促生命的最后一年，吴友如却完全抛弃了时事题材，甚至连广受欢迎的"时妆仕女"系列也不再为继了。

在《飞影阁画册》的小启中，吴友如陈述了这种变化源自恐惧，"画新闻，如应试诗文，虽极端揣摩，终嫌时尚，似难流传"。出于对所绘时事画的不自信，他选择了改弦易辙，完全投入了传统文人画题材的怀抱。《红楼金钗》、《饮中八仙》、《唐诗人物》成了他最后的绝笔，希冀着这些古人古事能流传下去。他又如何会知道，后人恰因其新闻画闻其名，因"时妆仕女"称其异。鲁迅甚至直言，"他于历史画其实是不大相宜的"，"最擅长的倒在作'恶鸨虐妓'、'流氓拆梢'一类的时事画，真是勃勃有生气，令人在纸上看出上海的洋场来"（《朝花夕拾后记》）。

吴友如的矛盾和困惑，是传统深厚的中国画的矛盾和困惑，也是一个风雨飘摇时代的矛盾和困惑。白纸上印着市井街巷、十里洋场、妆奁镜台，白纸下藏着的是一个庞大帝国摇摇欲坠的身影。维新与守旧的冲突，封建与殖民的抗衡，由笔尖铺开，细细看来无处不在。

明清苏州吴氏闺阁画家摘录

吴眉眉

小　引

女性画家由"闺阁"和"青楼"画家组成。在明代,两者并驾齐驱。到清代,青楼画家逐渐衰弱。闺阁画家,包括"名媛"和"姬侍"画家。

在以男性为主导地位的漫长封建社会,整个绘画发展史中,女性的绘画活动几乎都被边缘化,她们的艺术不被重视,她们的才华多被埋没,相关的记载更是寥若晨星。如今,我们只能从断编残简中寻找一些历史碎片。她们的作品和芳名能流传下来的实属不易,除了自己努力、父母开明、社会认可外,还需有个志同道合或通情达理的好丈夫。尽管如此,苏州作为人文荟萃之地,有文字记载的女性画家竟多达五百位左右,明清两代尤为突出,她们为苏州的画坛开拓了别致的一方天地,其中也不乏吴氏女性。

明代的画坛正处于流派林立的综合文化氛围下,女性的自我意识也正在逐步增强,一部分女性已开始追求男女平等,所以女性绘画也终于打破了以往沉闷的局面,出现了众多出身文化世家、绘画世家,绘事得自家传的闺阁画家。她们深居内宅,自幼耳濡目染,从传统文化中汲取营养,激发出极大的创作灵感。任何艺术门类都不可能独立存在,而是触类旁通,由于或家学渊源,或家藏丰富,或家道殷实,她们的综合素质都很高,不仅仅擅长丹青。这一时期,苏州所记载的闺阁画家明显多了起来,其中最具代表性的有文徵明玄孙女、文从简之女,善画花鸟虫蝶、苍松奇石及人物的文俶和仇英之女,善画人物、山水的仇珠等。吴氏女性中的代表有吴水苍之女,工诗词、能书会琴、尤善勾勒花卉的吴绡,能诗画、善音律、书小楷的吴来玉和善音律、精绘事的吴瑟瑟等。

  清代的苏州,涌现出了一大批女性画家,其势头不减于明代。由于当时一系列的妇女解放运动,使得闺阁画家的地位逐步提高,队伍日益壮大。与明代相同,清代闺阁画家同样大多出身于文化世家,她们在家族浓郁的书香氛围里,与父兄、姊妹,婚后与丈夫等亲人进行笔墨交流,绘画艺术得以迅速提高。其中有马元驭孙女,在花鸟画方面成绩尤为突出的马荃和沈周之女,善丹青、工吟咏的沈素瑛等。吴氏女性的代表有工诗词、精医理、通剑术、善书画、尤妙写生的吴规臣,能书会画、善诗文的吴琼仙,能文章、精绘事、好韬略的吴琪,善写生仕女画和花鸟画的吴应贞,能诗好吟咏、习分隶、善绘画的吴兰婉,善画竹、爱古人韵言的吴玉文,善写墨兰、好吟咏的吴秀淑,工花卉的吴宛孙,善绘事、工诗的吴康承,善文能画、尤工诗的吴蕙,工书善画、精刺绣的吴慧娟,能弹琴、善画兰的吴德韫以及工山水的吴筠等。

  较以往有所不同的是,她们除自己潜心钻研绘事外,终于可以走出闺房,参加一些雅集,互相交流。由清代著名学者袁枚组织的随园女子雅集,极具代表性,他主张男女平等,以倡导诗文的"性灵说"而知名。曾在杭州公开举办女子诗会,江南一带的名门闺秀有十余人前往参与,其中就有吴琼仙。她们虽然仍旧固守传统,热衷于花鸟画的创作,但随着与社会接触,尤其婚后,眼界日益开阔,逐渐走向博采众长的艺术境地,表现手法也趋向多样,从而向人们尽情地展示自己的才华。

  清代闺阁画家的人数及作品的流传均冠各朝之首,在这样的大好形势下,我国第一部以女性书画家为题材的书籍终于出版,那就是厉鹗撰写的《玉台书史》和汤漱玉撰写的《玉台画史》,结束了以往在画史著作中女性画家只能附录于男性之后的时代,进入了一个男女相对平等的新时期。

  以下摘录的是明清时期苏州吴氏闺阁画家的代表吴绡、吴规臣、吴琼仙、吴琪、吴应贞、吴兰婉,从她们身上可以一窥当时闺阁才女们的文化背景和生活形态。

吴　绡

  吴绡,字素公,又字冰仙,号片霞,明长洲(今苏州)人,生卒年不详。吴水苍之女，常熟许瑶室，时称许夫人。著有《啸雪庵诗集》、《啸雪庵二集》、《吴冰仙诗》。

吴绡自幼工诗词，善乐府，聪慧大气，所作《梨花双蝶》传诵一时，诗曰："如玉双双透琐帏，镜中斜见粉依稀。西施舞罢春衫冷，道韫诗成柳絮飞。影过杏梁朝日澹，梦醒巫峡片云归。梨花深院无人到，不是开笼放雪衣。"另外还有如《咏燕》："春暖泥融日正长，疏帘高卷郁金堂。莫言远志惭黄鹄，谁得如伊住画梁。"《杨柳枝》："宫柳初开一抹眉，武昌城下乍逢时。春来树树烟条绿，欲认何枝是旧枝。寒食东风已满城，小枝纤弱拂啼莺。东君不惜离人苦，又向前年折处生。"《七夕》："云光淡淡汉悠悠，怅望双星独倚楼。莫谓人间多别恨，便疑天上有离愁。梁清谪去谁相伴，子晋归来合共游。唯有嫦娥应最妒，一轮风露不胜秋。"字里行间充满闺阁女子少有的豪侠，扫尽胭脂习气，意境极其洒脱。沈德潜说过，冯定远是公认的论诗最为严苛的一位专家，而唯独对吴绡的诗词赞许有加，"与论乐府源流，其所学邃矣"。可见吴绡的才情非同一般。

吴绡又擅长丹青，爱画勾勒花卉，用笔设色得宋人之法，写兰竹极有生趣，尤善写生，楷法也佳，还精丝竹、会弹琴、爱下棋，似乎无所不能。家有古琴，她常在月下抚弄，抒发女子柔肠百转难以言说的情感世界。冯金伯在《国朝画识》中给予很高评价，说其"幼敏慧，好书，丹黄不去手。善绘事，每经点缀，灵动如生。所居坟籍塞坐，吟咏清婉。吴中闺秀徐小淑能诗文、端容善画，一时有盛誉。夫人兼此二长，或谓过之也"。备受名流推崇，被推为与沈宛君齐名。

吴绡不仅才华横溢，心地也十分善良，很有孝心，平日喜欢穿一身仙衣道服，简单、淡然、率性，一如她的为人和作品。丁祖荫《重修常昭合志》卷二十一称其"性至孝，二亲有疾，刺血书祷，辄愈。瑶多内宠，氏抚爱如同生。又好仙，尝遇异人，示以前因，居恒道服，不为时世装，泊如也"。卒后葬于虞山麓。当时的县令陈云伯十分赞赏其诗，特为之写碣文，李息珊则广搜其遗诗以流传。

像吴绡这样生前受人追捧，卒后叫人追思，多才多艺、内助之贤又具有独立自由的精神世界，岂一般女子所能为？纵观古今，少之又少。被称为女性的楷模，一点也不为过。

吴规臣

吴规臣,字飞卿,又字香轮,号晓仙。清金坛人,生卒年不详。吴朗斋之女,长洲(今苏州)顾鹤室。著有《晓仙楼诗》。

吴规臣工诗善书,精医理,通剑术。《玉台画史别录》赞道:"近时女士工画者,嘉兴沈采石(谷)山水,吴顾芳(蕙)花卉,南海黄耕畹(之淑)兰竹,并出冠时,何闺阁之多才也。"吴规臣在绘事方面可以说画无不善,而尤妙写生。潇潇春雨中她静静地坐于山间画牡丹,并题诗道:"一种天生富贵花,开来仙观带烟霞。人间遮莫春如海,那及山中宰相家。""三茅云气护灵根,生长仙源别有春。闲倚玉兰花下看,六朝金粉旧精神。"吴朗斋一向喜欢华阳洞天之胜,经常往游,女儿每每随侍,穿云蹑翠,采药寻松,见者无不诧异。此事的确另类且不可思议,难怪时人称之"侠女",夸她"奇情倜傥",有人甚至将此情节做成图画来欣赏,惹得闺阁女子羡慕嫉妒不已。丈夫去远方做官,吴规臣则往来金陵维扬间,以卖书画自给,甚至夫家母家也恃其鬻画供给。作为女性能做到如此这般,在封建社会实属难能可贵。

吴规臣之所以被时人称为闺阁中的奇才,实得益于其鼎鼎大名的老师,有"贵潘"之誉的吴中进士潘奕隽。《清画家诗史》称其"为潘榕皋画弟子,花卉得瓯香笔意"。吴规臣传承了老师的文才画技,更继承了老师不追逐名利、寄情自然山水的文人情怀,文章诗词、笔墨技法皆日渐成熟。加之在老师的指导下,勤奋临摹"常州画派"开山祖师、大画家恽寿平的花鸟画本,很好地掌握了没骨花鸟画技巧和笔意,据说幸运地探究到恽先生的不传之秘。她画的花卉虫鸟,其秀在骨,风枝露叶,赋色妍淡,《百花图》长卷更是深得恽氏气韵,人称"神夺瓯香"。

《花蝶图》册是吴规臣的代表作品,花篮里摆放着四种颜色不同、姿态各异的花枝。除红梅花用没骨画法外,其余的花朵都采用工笔画法,细细地勾勒出轮廓,继以染色;用没骨画法撇出浓淡变化的叶子,再勾出叶茎;右上方一只翩翩起舞的黑蝴蝶,正向花篮飞去,触角上的绒毛清晰可辨,细腻生动。整个画面层次分明,自然流畅;设色艳雅秀丽,浓淡有序;色调搭配和谐,清新润泽。

如今,我们依然可以在北京故宫博物院欣赏到她的《花蝶图》册和《花鸟图》轴。光阴荏苒,早已物是人非,唯有艺术作品穿越时空,真切地展示在我们眼前。

吴琼仙

吴琼仙(1768—1803),字子佩,又字珊珊。清震泽(今苏州)人,吴乂伦之女,徐达源室。著有《写韵楼诗集》、《双巢翡翠阁小札》。

吴琼仙天资聪颖,少时即入私塾,认真学习,不烦讲解,领悟力极强。能书,喜临晋唐小楷;尤好吟咏,十余年中得《写韵楼诗》至数百首。同为随园女弟子的吴门才女汪玉轸有《题珊珊夫人写韵楼诗稿》诗:"银钩百幅衍波笺,想象丰姿写韵仙。奈我孤吟憔悴甚,梦魂也怕到君前。"除诗书外,也善绘事,暇时即发挥烟云,摹写花鸟。

吴琼仙婚后克尽孝道,精心服侍其翁及嫡庶两姑,闲来弹琴赋诗、焚香读画。丈夫徐达源是嘉道间松陵名士,生平仰慕文徵明的为人,因此纳赀为翰林待诏,入京遍交名士。徐家虽不富裕,而达源慕善若渴,企慕陆鲁望之高风,则为撰《甫里志》;钦佩徐俟斋之介节,则为修涧上祠,并刊其集。徐先生一生行善,可谓好义之士。贤伉俪都是追随袁枚的随园弟子,可谓诗趣相投,而随园女弟子们大多为闺阁中的杰出名媛,一个个都是清代江南女诗人中的佼佼者,当时谁不以身为随园女弟子而倍感无上荣光。可想而知,徐达源是多么幸福,拥有如此出色的妻子,加之子女也皆能诗,其一门风雅,真不减叶绍袁午梦堂当年,羡煞旁人。

可惜好景不长,吴琼仙三十六岁便离开人世,这令亲友们痛惜不已,汪玉轸同样无法释怀,联想自己多舛的命运,不禁悲从中来,回忆、不舍、思念、自怜等复杂情绪,化作《挽珊珊夫人》诗:"一从金母朝真去(谓纤纤),盟主仙坛仗彩鸾。底事三生逢小劫,凭谁九转觅还丹。伤神写韵楼空掩,老辈我牵萝屋寒。酹酒频呼魂返否,竹声和雨听珊珊。""神交记自甲寅春,卅里邮筒不往频。少我十年应后死,欠君一面奈前因。轮回再见知难必,图画传看可逼真。赖有数行遗墨赠,绮窗想像拂笺人。"范玉《挽吴珊珊夫人》,字里行间,尽显哀怜:"百尺文窗写韵楼,一时花鸟迥含愁。琼台莫道无霜雪,多恐文箫易白头。""如镜明湖如黛山,曾从图画识芳颜(曾为其题《天平揽胜图》)。细君那及狂臣朔,亲向窗前见阿鬟。""神仙眷属旧通家,定见阊门萼绿华(谓金纤纤)。同拨微云看下界,人间几度熟胡麻。"

吴琼仙过世后,《写韵楼诗集》刻印面世,当时有不少名士竞相题咏,成为又一诗坛佳话。琼仙曾自写小影,泐之于石,殁后数十年,子孙零落,其刻为石工所得,欲将其磨灭,幸为蔡冶民所闻,急忙赎回。陈去病有《赎碑记》,以述其事。

吴 琪

吴琪,字蕊仙,一字莺期,号佛眉,又号上莲道人,被称为"女中七才子"之一。清长洲(今苏州)人,生卒年不详。吴挺庵孙女,吴康侯女,管勋室。著有《香谷焚馀草》、《佛眉新旧诗》、《锁香庵词》、《吴蕊仙诗选》、《吴蕊仙诗辑本》,又与吴江人周琼合著《比玉新声集》,闺阁画家黄媛介为序。

吴琪自幼颖悟,五岁便过目成诵,父母见其慧性过人,为其请师教读。幼年即工诗,十五岁能文章,好学用功,如饥似渴,不分白天黑夜苦攻不辍。父母心疼女儿体弱多病,屡次制止劝说,吴琪依然我行我素。

吴琪诗词清婉,《短蒲吟》一篇,可谓入乐府妙境,得到时人广泛赞赏,王玉映评其诗"灵气飘渺,如梦中变幻",或许这空灵的诗境正是吴诗过人之处。她除了工诗词、能文章、好韬略,尤精绘事。周琼赠诗有"岭上白云朝入画,樽前红烛夜谈兵"之句,当为真实写照。吴琪的画现在虽然很难见到,但是我们可以从尤侗的一首《鹧鸪天·题女史吴蕊仙画》中,展开丰富的想象:"拂水佳人堕马妆,春来响屟满横廊,绣襦甲帐无消息,暮雨潇潇空断肠。笔翡翠,砚鸳鸯,吴绫三尺写红窗。青山碧水无人处,乱点桃花赚阮郎。"当时吴中女郎脱簪解佩,求得其片纸只字,如获珍宝似的满心欢喜。

吴琪与管勋定情之夕,前来贺喜的舆仆喧闐,冠盖绎络于道旁。而两壁人掩映于镜光奁影间,疑似神仙下凡,见者无不窃叹。婚后夫妻恩爱有加,翻书赌茗,扫黛添香,二十年如一日。管勋得举孝廉,后不幸卒于任上,噩耗传来,同时又遭遇家难,突如其来的变故,令吴琪难以接受和应对。幸好有闺友们的陪伴和安慰,抚丝桐、弄笔墨令其散心,吴琪悲痛的心情才渐渐平复。因久慕钱塘山水,吴琪便与周琼结伴作"六桥三竺"之游,她把对丈夫的思念化作"风流诗文山水间"。一时间,杭州的名媛争相与之结识。这样的事情放在现在,再正常不过,然而发生在封建社会的寡妇身上,是令许多人无法容忍的,好事者说她"风流放诞",又传再嫁赵氏,等等。就在面晤慧灯禅师后,吴琪决定洗心皈命于大张兰若。慧灯令之剃发,命名上鉴,号辉宗。

至于其出家原因，或许是因为思念丈夫之心太切而无法自拔，或者受不了蜚断流长而心灰意冷，总之世间的纷纷扰扰与吴琪再无任何纠葛。从此，佛门中的上鉴，青灯一盏，清诗数行……

吴应贞

吴应贞，字含五。清吴江（今苏州）人，生卒年不详。赵氏室。

吴应贞擅长写生仕女画和花鸟画，张庚《国朝画徵录》称其"工写生，风神婉约，自是闺房之秀"。尤其善画花草，藏于北京故宫博物院的《荷花图》轴为其传世作品。图中，五六朵或盛开或含苞的红色荷花，婀娜亭立，姿态各异；荷叶错落有致，翻转有序；一只蜜蜂嗡嗡地忙碌着采集花粉；三尾小鱼儿在荷塘里自在地游玩嬉戏；就连河塘下淤泥里的水草，也欢快地扭动着腰肢。整个画面看来动感十足，自然清新雅致，洋溢着喜庆的气氛。她很好地运用了恽寿平没骨花卉画的笔法，花、叶的线条工细而不呆板，敷色艳丽而不媚俗，表现出它们含水带露的润泽、鲜活和生机。

杨复吉之弟鹤衔于肆中得一白文"吴应贞印"，侧镌细楷三行，曰"乙未春三月报松陵赵夫人命，钿阁女子韩约素"。杨先生十分欣赏，将吴应贞的画与梁千秋之妾韩约素的刻工称为"双绝"，并在《论印绝句》中有诗道："写生彩管识林风，钿阁尤传铁笔工。珍重芳名劳弱腕，一时双绝擅闺中。"

恽寿平为"写生正派"，花鸟画注重逼真写实，造型生动传神。花瓣以水墨着色晕染，用笔多变灵动，墨、色与花卉融为一体，茎枝、叶筋一笔勾就，阴阳向背立体鲜活。恽先生以意态清新、设色典雅的画风，倍受闺阁画家的青睐，吴兰婉也是其中一位。其绘画艺术的感染力之强、影响之深，恐怕连他本人都不曾料到，人虽离世，自己的绘画技巧和风格依然有那么多人摹写、追捧。

2017年5月30日于光福紫雨楼

论简册早于甲骨文

张士东

书法界一般都认为"简牍、帛书的时代可上溯春秋战国,盛行于秦汉之际"(《简牍帛书字典》锺民善序,上海书画出版社),甲骨学界则认为"殷代除甲骨外,亦应有简册以纪事"(《甲骨文字典》200页,四川辞书出版社)。两种说法似乎前一说流传更广。

甲骨文是最早的成熟汉字已为常识,另一常识是一切成熟的事物必有一段由不成熟向成熟发展的历史。也就是说甲骨文形成之前肯定要有一段相对甲骨文还不太成熟的文字发展过程。

继承和发展是一切新旧事物交替的必然规律。而继承主要体现在与前事物的相似性方面,发展主要体现在与前事物的差异性方面。顺藤摸瓜、追根究源就要从事物的继承性方面入手探索。下面就这一方法来试探一下甲骨文的继承问题。

一、书写与锲刻

甲骨文大多是刻的,朱书墨书数量很少,但不能排除锲刻的卜辞中必有先书后刻的部分,甚至是大部分。何况甲骨的锲刻是一种特殊的用字场合,我们决不能以为殷商时代用字都是刻的。

一期甲骨文中已有以手执笔的"聿"字"画"字,二期甲骨出现"书"字。可见笔的运用已经有一些时间了。新石器时代陶器上大量图画、图案、符号是用什么工具绘制的呢？我看非笔莫属，否则这种精致的图纹是无法描绘的。据红学家周汝昌介绍："最近郑州郊区小双桥乡发现新石器时代古陶上朱书文字八个，证明是毛笔所写，已比甲骨文早了一千年之久。但即此古字，也是进化到很高层次迹象了，真正原始毛笔的创造还要早得多。"(《中国书法》，1997年第四期26页) 新石器时代使用笔作为书写工具，是可信的。这里强调笔的历史是为了说明，在甲骨文之前一定已经存在了相当长一段书写文字的历史了。如果没有这段书写史，岂能有突然成熟的甲骨文？问题是这段书写史的载体材料是什么？甲骨文从中继承了什么呢？

二、甲骨文前用什么材料写字

龟甲、兽骨是我们所见到的记录文字的最早的材料，同时代还有少许玉石陶器上也留有文字的遗存。试想，无限丰富的社会生活，难道只有占卜才需要运用文字？难道文字只能在甲骨玉石上书写？甲骨文之前相对不成熟的文字是写在什么材料上的？

我认为金玉甲骨并不是记录文字的主要材料，更不是社会普遍用字的主要载体。考古证明，传统的、使用最为广泛的书写材料是竹木简牍和帛。尽管简牍实物的发现仅能追溯到战国，然而它应用之广、流传之长是在纸张普及之前任何材料都无法比拟的。虽然至今或者永远不会发现战国之前的简牍文书，然而并不能因此证明上古时代就没有简册。我始终以为在史前、甲骨和青铜时代的社会条件下，人类利用自然界赋予的，随手可得并取之不尽的竹木材料是最自然最合理不过的了。这些材料加工简易又十分经济，且宜书宜画宜刻，无疑是当时的天赐良材。可以说人类从原始状态开始就每时每刻都在使用竹木材料，如弓矢渔猎、牧养农耕、建屋造舟、取暖饮水等，无不与竹木材料息息相关。人类对竹木的性能特征早就了如指掌。所以文字产生得无论有多早都不可能与竹木无关。

其实简册早于甲骨在甲骨文中就有明证。关于这一点，郭沫若和现在的《甲骨文字典》都引了"《周书·多士》：惟殷先人，有册有典"的资料。

"册"作为象形字，就必须先有"册"这个实物存在才有可能造出这个字来，这本来是一个很简明的道理，但由于许慎关于"册"的解释有"象其札，一长一短，中有二编之形"的说法，对此各人理解不一。如董作宾先生说："吾人既知商人贞卜所用之龟其大小长短曾无两甲以上之相同者，又知其必有装订成册之事，则此龟板之一长一短参差不齐又有孔以贯韦编甚似册字之形状，而册当然为其象形字也。"（"殷代龟卜之推测"安阳发掘报告第一期）董将册字"一长一短参差不齐"的竖笔画断为大小不一的龟板的象形，似不合"册"字的造型特征。

出土实物证明，同一简册之各简当然是平齐的，然而秦小篆"册"字竖画之一长一短的写法绝不是写实的图画与摄影的再现。其实"甲骨文册字之竖有一长一短者，亦有长短相同者，其竖画之长短参差当由刻写变化所致。卜辞中有'禹册'、'曶册'、'作册'等语，故殷代除甲骨外，亦应有简册以纪事"。（《甲骨文字典》第200页）

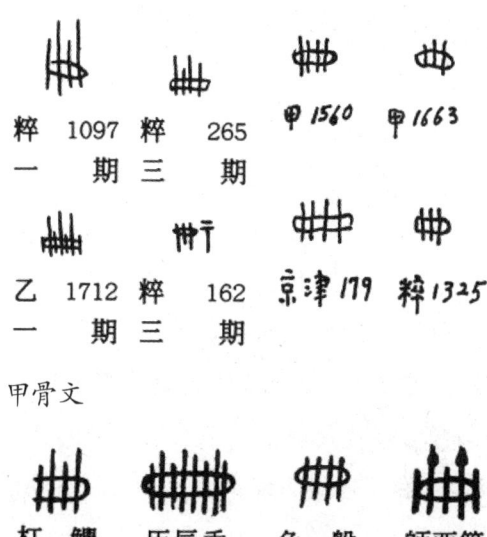

图1

甲骨文

商周金文

再说"册"字在一期甲骨文中已出现颇多，其竖笔的长短排列又十分随意多样，二编之形的写法也各有不同，可见这是由书写者信手所为之故。而史前的所谓"简"，不能用非常成熟的汉简的材料、形制来看待，早期的简可能仅仅经过劈削磨刮后的竹条和树枝条，编连起来或便于收放和取拿查找。史前的"册"也有可能存在粗细不一、长短不一的现象。但是，根据甲骨文中"册"字之多、形体之多这一特征可以推得："册"这一文字载体一定得到了广泛的运用，并且使用的历史也不短了。因为象形字的创造，第一要有实物的存在为依据，第二该事物的功能一定要得到社会的欢迎并有较重要和普遍意义，第三必须有它相对固定的形态特征。"册"字完全具备了这些条件。

若问史前先民是否具有劈削和编制简册的工具和技术呢？回答是肯定的。首先，人类应用竹木的历史远比运用龟甲占卜的历史要早得多，若追根究底，可以说人类在还没有利用火的时代已经在利用竹木了。发展到甲骨文时代，人类对竹木性能的认识已经积累得十分丰富。所以甲骨文中不仅"有册有典"，还有用竹管编制成的乐器"龠"字、以丝附木的弦乐"樂"字，和利用坚木制成的木铎"今"字等，这种乐器的加工制作技术和加工工具绝对不会比劈削竹条木条（树枝条）简单。尤其竹子，折而不断，撕即成条，只要稍加磨刮，正面反面均可写字。

再从考古发掘中看史前人的技能：七千年前河姆渡文化遗存中的建筑物已运用榫卯构件，榫空四角均为九十度清角，从理论上讲，非铁器时代这样的技术是不可想象的，但这却是七千年前已经存在的客观事实。同时出土的还有精良的骨雕、骨梭、骨机刀、骨针等纺织工具，这些骨制工具的制作显然要比劈削竹木条难得多。尤其新石器时代各类精良玉器的制作加工，不知要比撕劈竹木条难多少倍，然而先民们都给我们留下了精妙的杰作。我们从甲骨文中的弓矢戈戌（兵器）、高京宫享（建筑）、鼓乐龠磬（乐器）、舟车器皿等一系列先民的发明创造中看到，这些不仅仅是甲骨文时代的创造，更多的是"惟殷先人"早已有之的发明创造。可见甲骨文之前先有简册在技术上是根本不成问题的。

三、简册探源

册由简编连而成，这是一个太简单的问题，有时正因为是太简单的事，恰恰容易被忽略。然而册与简的关系着实是一个非常重要的问题。"简"是构成"册"的基本材料，那么"简"是否有它形成和发展的过程呢？必定有。尤其在史前时代，这个过程必定还很长。

目前能见到的陶器上和岩崖上的符号和图画，虽然与甲骨中某些字形有一些联系，但陶器和岩崖绝不是文字的理想载体。而竹木材料与人类生活最为密切，竹木材料取之不尽并有足够书写的平面，所以史前人在生产劳动和生活中所要记录的有关内容、想法和原始宗教意识等不会与竹木材料无缘的。

语言文字是从短语起始的，所以初用文字或符号记事只需单简就够了（史前时代完全能直接书刻在树干和竹竿上）。随着社会物质的丰富、生活的多样、生产劳动的日益发展、军事行为的不断增加、宗教祭祀的频繁活跃，对文字应用的要求必将相应扩大。在单简不足以记录所需事件的情况下，数简编连的情况才会出现。即使如此,也仅仅是"册"的雏形,若要形成"册"这个专门形制,还必将经历一个相当长的应用、改进和流传(被大家接受、学习)的过程。即使"册"这个实物已被大家接受和运用,还不能等于"册"这个字的存在。例如考古证明新石器时代齐家文化期已经出现铜镜实物,但是"铜"字的出现要到战国时代。铜古代称"金",金字的最早出现也要到西周早期。所以某事物被创造成某文字,绝对是有条件的。如果不是常用之物,如果不是某事件必须用文字来记录与该事物有关的内容,如果该事物在文章中用不到它,该事物就不会被创造成某个字来。所以从某实物的存在到该实物被创造成专门表示该实物的字,也是要一定的时间过程的。因此,一期甲骨中诸多册字和颇多写法的出现,绝不可能在短期内突然形成。而甲骨文又是基本局限于王室占卜之用,它绝不是无限丰富的社会活动和社会用字的全部。由此可见,从简到册的形成,一定需要非常长的时间过程,当"册"这一实物产生之后,到被创造成文字的"册"到底走过了多长的历程?当"册"字被创造出来之后,在运用中演变成多种不同的写法又要多长的时间过程?

以此推断,甲骨文以前的简与册的运用史和书写史绝不会少于一千年。笔者以为,只有搞清楚了简与册的历史,才能搞清楚简册与甲骨文的关系。

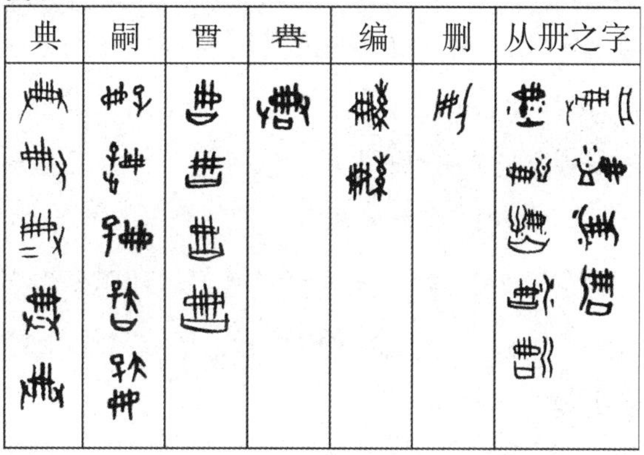

四、简册在甲骨文中的依据

从实物资料看,最早的出土简册在战国时代,从秦汉出土的简牍数量看无疑在纸张发明之前是最主要的文字载体,我们要讨论的是在甲骨文时代及其之前是否有简册存在?其实这个问题在甲骨文中早就告诉我们,当时简册的存在是毫

图2

典	嗣	曹	䇝	编	删	从册之字

图3

网	麗	羅	冪	羆	羅	从网之字

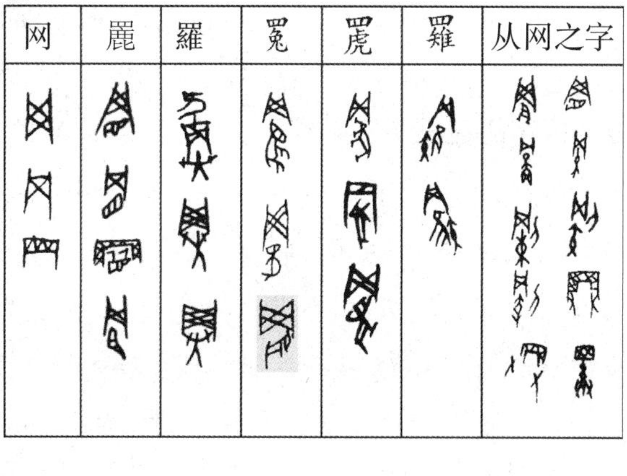

无疑问的。因为甲骨文中不仅"有册有典",还有、嗣、晉、龖、编、删等以"册"为组合部首的字,而且其字形结构及组合形式的多种多样(见图2)都证明了当时使用简册的普遍性。其中尤为重要的是"编"与"删"二字。甲骨文"编"字从"糸"从"册",该字的组合可以联想到古人用丝、麻、皮线编制简册,作为创造"编"字的依据。这里涉及"糸"的发明时间。据考古发掘证明,在新石器时代晚期,浙江省湖州市东南有一名叫钱山漾的地方,出土了距今四千七百年的古老丝线——丝带和丝绸,可见当时丝线编制简册是不成问题的。甲骨文中还有一个（乐）字,罗振玉释"樂"为"从丝附木上,琴瑟之象也",当是中国最早的弦乐,"弦"是高级的丝线。当时还当有皮线和麻线,如"韦编三绝"就是用的皮线,而麻线或比丝线的发明更早。根据甲骨文中有大量捕鸟捕兽之类从"网"的字(见图3),其网就是用麻线和麻绳编织的。再一个就是"删"字,删字从"册"从"刀"。在简册上写字难免写错,写错了就用刀剡掉后重写。所以我们称古代从事文书工作的人叫"刀笔吏",证明了刀与笔是整个简册时代书手不可或缺的工具。综合甲骨文中的聿、书、编、册、典、删等字的功能和材料,可以断定,当时既有以占卜为主、在龟甲兽骨上的锲刻文字,又有在简册上用毛笔书写的文字,后者应是主流文字的载体。只是甲骨文之前的简册无法保存到今天,于是造成了文字发展史中的诸多谜团。但是殷商时代已有大量与典、册有关的文字的存在完全可以证明甲骨文之前一定已经普遍地使用了简牍这种取之不尽加工便利的文字载体,否则五千个甲骨文单字不可能突然地出现在龟甲兽骨上了。岩画中的图形、陶器上的符号与甲骨文是无法衔接的。

五、甲骨文为什么竖行直读

汉字的最早源头主要是图画,少数是符号。古代图画最早的当推岩画,其中有若干与甲骨相通相似的形象;陶器符号中也有若干符号与甲骨文数量字、指事等抽象文字类似。这些图画与符号或许是甲骨文的先祖,但是它们还不是文字,更没有竖行直读的法则,所以不可能成为已经成熟的甲骨文直接的源头。然而竖行直读恰恰是甲骨文的规律,这一规律在甲骨文体系中又找不到它自己形成的依据,所以它只能从某种成熟的书写方式中继承而来。在史前历史条件下,这种书写方式又必将与载体材料发生必然的联系,材料特征在一定程度上又将影响其书写特征:如甲骨、金文、石鼓、碑版、简牍、摩崖、砖瓦等,所以以材料命名书体,这都和书写特征有关。因此甲骨文竖行直读的规则与甲骨前简册的修长形载体材料之间最能体现二者的因果联系。也只有"简"的细长形材料特征才是造就汉字竖行直读的最符合客观的实物依据。

因为竹木材料具有加工方便、取之不尽、便于携带、传递交流、归类保存等优越性,所以简册能够成为纸张发明之前使用最广泛、最普遍、历史最悠久的文字载体。用简册写字也是中国独有的创造。笔者以为汉字竖行直读的历史不会少于四千年,其原因就是修长的简册是汉字几千年来的最主要的载体。当今横排本纸质书籍只有几十年的历史。

六、甲骨文中大量动物类象形字为什么都是直立式书写的

甲骨文中象形字颇多,有趣的是,凡动物类象形字为什么一概直立式书写呢?(见图4)

图4

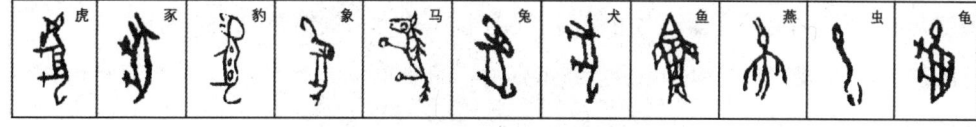

前面说到岩画与甲骨文有诸多相似之处,然而岩画中大量动物形象尽管都是线条化的,但是它们都是横向的自然状态。尤其图画向文字的转化还必须通过某种便于书写的物质材料作为途径才有可能实现。竹木材料在当时的优越性显然是无与伦比的,所以甲骨文之前必定有一个以竹木材料及其以后发展成简册记事的时代(或称过程),否则甲骨文中大量动物象形字凭什么会一概违背自然规律变成直立书写呢?金文中出现某些图形文字的反祖现象,显然与它的材料面积(特征)有关。

史前简册由竹木材料编连而成,这些竹木枝条都是细长形的,在这种又细又长的材料上写字必将受到其宽度的制约,各类动物文字的造型美更难以表达。为了书写的便捷和便于对各动物特征的文字化造型,书写者自然会想到适应材料的

特征而改变象形字的书写方向，即将横向不宜施展的动物形象改为向纵向施展。改为直立书写显然是找到了有效且合适的途径，当然迫于材料特征的制约是毫无疑问的。

甲骨文之前的象形字肯定比甲骨时代的象形字比例更多，这一由图画向文字的转化、横向行走的动物形态向直立形态改造的过程要多长时间？由此推想竹木简的使用当会有多长时间？如果否定简册早于甲骨的认识，那么大量直立的动物象形字又是如何形成的呢？甲骨文的"突然成熟"又如何解说呢？其实何止于动物象形字的直立书写，其实所有文字都是纵向修长的。

七、甲骨文字形为什么总体趋长

甲骨文已经"六书"齐备，故被称为成熟的文字，而甲骨文字形总体趋长，有些低、平、扁的器皿也写成长形字（见图5），其原因何在？从材料分析，无论龟版还是兽骨，其面积都是足够横向舒展的，而事实为什么偏偏相反呢？甲骨文字形修长这一规律性特征在整个甲骨文中同样无法发现其自身的形成轨迹和演变依据，因此这个特征又是一个继承而来的确证。而且这一修长的字形特征又只能与修长的竹木简联系起来认识，才能符合它的继承来源。就像整个古文字体系的字形总体修长，也与继承因素分不开。综上所述，简册早于甲骨的认识基本上是可以肯定的。

图5

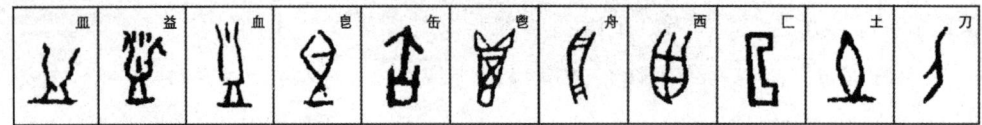

八、小结甲骨文是最早的成熟汉字。

既然是最早的，又是成熟的，这一现象本身就足以说明甲骨文以前绝对有一种被甲骨文所继承的文字先存在。这种先于甲骨的文字尽管有可能永远也见不到，但是根据甲骨文继承而来的有规律的种种特征来分析，我们完全可以推断出承载这种文字的材料只能是简册才合乎客观实际。若再向上追溯、推测，则可能是竹竿、木棍或直接记录在树干上、岩洞内甚至地面上等一切有足够平面的物体上。以笔者愚见，竹木简至少要比甲骨文早千年以上，如果没有漫长的简册史，成熟的甲骨文不可能突然产生；最早的第一期甲骨文中也不会有诸多"册"、"典"和"编"、"删"等字的出现，也不会有诸多多变的写法；不是简册早于甲骨，甲骨文的修长特征就无法说明其来源；尤其大量动物象形字一律变成直立形态的文字，一定有其合理的原因。

如果不是为了适应"简"这种记录文字的材料特征，中国汉字为什么竖行直读？动物类象形字为什么都是直立书写？整个古文字体系的汉字为什么总体字形是修长的？

为何西亚和埃及的象形文字都与自然界的动植物形态保持一致呢？因为他们的文字载体是泥版或石板，有足够的面积来表达自然界动植物的自然形态，故书写方式也由左至右作横向排列。这都与最初的文字载体有很大关系。可见甲骨文这种独树一帜的文字造型之所以形成，也是与更早期的载体有重大关系。

1997年8月22日初稿

1997年10月12日修改稿

2016年1月9日农历丙申年正月初二再次修改

苏州园林书条石文化初探

——浅析固化在园林中的书法艺术

潘振元

一、苏州古典园林中的书条石简述

凡将法帖与名家书诗图文镌刻在条石上的，统称为书条石，属于碑刻的范畴。碑刻有"碑"和"刻"两个不同的概念，将纪念性歌功颂德的纪事、立传文字，钩摹于石，竖直立石的称之为碑，除此之外如摩崖、塔铭、造像、石经、经幢、题名、诗文和名人书迹等刻于石上者，泛称为刻石。容庚《丛帖琐谈》对碑、志、帖又作了明确的区分，"直石叫作碑，方石叫作志，横石叫作帖"。按上区分，苏州园林中那些嵌在廊壁的法帖与园记、诗文的横形条石，应该称作"刻石"或"帖"。但"刻石"含义过于宽泛，而"帖"的含义又相对狭小。所以我认为苏州人将园林中横形条石统称为"书条石"是一种创造，它首先肯定其材质是条石，其次打破了"帖"的局限性，使书条石的包容性及其内涵得到极大的延伸。书条石的产生，其源头是私帖的盛行。由于明代苏州的文人士大夫热衷于摹刻名帖、拓印传世，推动了书法艺术的发展，也催生了大量的刻帖高手，在苏州一地就涌现了一百多名刻石高手，使苏州成为明清两代镌刻碑帖的中心。刻帖的盛行又带动了镌刻材质的转变，北宋初年官刻《淳化阁帖》的材质是枣木，这种枣木易毁于火，又极易泐裂，摹刻也难于传神，捶拓多了又易磨损，使枣木刻帖缺失书法形神，被讥有"枣木气"。随着私帖对刻帖质量要求的提高，明代中期枣木刻帖很快被石质细腻的青石所替代，于是伴随着私家园林的兴起与法帖条石的大量涌现，装饰园林廊壁的书条石便应运而生。

书条石的出现，特别那些刻有法帖的书条石，因为与"石"的结缘，法帖刻出了劲利的笔锋和飞白的枯锋，其刻帖效果向书法墨迹靠近了一步，使原来纸上墨迹氤氲的书卷气，在刻石上又多了一点金石的气息。当人们漫步在嵌有书条石的廊壁间，沉浸在书法艺术的同时，便增添了一点金石气息的艺术享受。随着岁月的积累，书条石形成了四个方面的功能：一是刻在书条石上的园记与相关的诗文，对古典园林相关的历史、文献、诗文、书画艺术起到了一定的传播作用，并对园林的沿革和与之相关的文史资料起到了很好的留存与保护，使之成为园林历史文化的重要文献；二是经过几百年的积累，这些镌刻着历代书家名迹的书条石，在苏州园林中已蔚为壮观，成为苏州面向大众数量最多、最为集中、最方便观赏的书法经典载体；三是黑底白字的书条石镶嵌在园林的廊壁间，与苏州传统审美的粉墙黛瓦一样，给人简洁、素净、对比鲜明的视觉效果，这种廊壁的装饰样式，不仅使人赏心悦目，同时也开创了苏州古典园林廊壁新的装饰形式；四是书条石经过历年来的形成、延续、毁坏、修复、增补，无论在文化、艺术、审美、人文，以及园林构成、环境装饰等各个方面，已形成其特有的书条石文化。在这方面，苏州古典园林中的留园、怡园、狮子林最具代表性和典型性。

二、留园书条石及其《二王法帖》蕴含的特殊意义

留园与苏州其他各园相比，其书条石的数量最多，内容最丰富，品质也最突出。在长达六七百米的廊壁上，至今嵌有三百七十九方书条石，另有四方因破损残缺存放在仓库。另有六方在民宅内发现的留园旧帖，目前存放在孔庙的碑刻博物馆。此外，苏州图书馆藏有民国时《留园法帖》的拓片，其中有十方原石不存的拓片。如果把以上这二十方也统计在内，留园书条石应有三百九十七方。拥有如此众多书条石的留园，其法帖涵盖的面，基本囊括了三国魏晋到唐宋元明清各个时期一百多名家经典作品。这些作品分别来自《二王法帖》、《仁聚堂法帖》、《宋贤六十五种》、《一经堂藏帖》等。其中：

《仁聚堂法帖》是《留园法帖》精华的一部分，计有六十六方书条石，分散在

三处。第一处在"古木交柯"东廊,有欧阳修楷书《李秀才东园记》和虞世南楷书《孔子庙堂碑》;第二处在曲豀南廊,有苏东坡《杂帖旧刻三种》,米芾楷书《旧刻四种》、《九歌》和行书《芜湖县学记》,唐明皇行书《鹡鸰颂》与褚遂良楷书《河南三龛》、《孟法师碑》,在曲豀楼下,还有薛稷楷书《杳冥之铭》、颜真卿楷书《送刘太冲叙》、李邕楷书一篇、杨凝式楷书《韭花帖》、文徵明书《兰亭诗》与文彭《昌黎杂说二篇》;第三处在"自在处"西廊,有宋高宗《赐岳飞批札卷》及《宋名贤十家书》二卷(此二卷目前已不全)、宋克狂草一篇,徐有贞草书《浣溪沙三阕》、董其昌楷书《孝经》等。从留园书条石的镌刻质量来看,《仁聚堂法帖》为最佳,因为此帖是由清葛正笏于乾隆年间辑集,苏州名匠穆大展摹刻。穆大展雕技出众,经其摹刻的碑刻,均极精美,几乎乱真,故他以工匠身份被破格编入仕籍,钦赐八品,成为我国刻工史上的一位代表人物。这批书条石因其摹刻精湛,冠绝吴中,被称为清中期南帖的集大成者。《仁聚堂法帖》不仅广泛搜集了唐、宋、元、明时期的名家法书,而且还汇集了一批难得一见的宋代名贤法书。其中唐玄宗行书《鹡鸰颂》与米芾行书《芜湖县学记》比较罕见。

唐明皇的《鹡鸰颂》,行书,原迹还在,现存台北"故宫博物院"。宋初已见刻本,与墨本同时流传。在赵明诚《金石录》中有记载:"唐鹡鸰颂,明皇撰并书。"收入《鹡鸰颂》的丛帖有北宋《汝帖》、南宋《兰亭续帖》和清《仁聚堂法帖》。唐明皇李隆基,又称唐玄宗,工书,尤善八分、章草,是中国书法史上著名的帝王书家。他的《鹡鸰颂》是流传至今最早的皇帝墨迹,也是目前传世的唯一孤本,属唐代稀世之珍。在《鹡鸰颂》序中,叙述着唐明皇寄望兄弟亲情的故事:那是在开元七年(719)之秋,有成千只鹡鸰鸟翔集于邻德殿的庭树上,达十天左右。玄宗见到它们起飞时一起尖声和鸣,行走时一起尾部摇摆,这种协同的"飞鸣行摇",使他联想到论语"孝乎惟孝,友于兄弟"与诗经《棠棣》兄弟之间的"和乐且湛",遂召左清道率府长史魏光乘撰写颂文,要以鹡鸰鸟来歌颂兄弟之爱。其实,唐明皇内心真正不安的是:自己曾与太平公主合谋发动政变,杀死韦皇后,拥立其父李旦即位。自己被立为太子,后又受禅即位。因此,他一直想笼络其他的五位兄弟,但又怕他们干预朝政,于是把他们都派到边远地区。然而,每当一年一度的朝见时,唐明皇便会想起兄弟手足之情,向往"飞鸣行摇"的兄弟情谊,寄望能一起揄扬德业,得到相互的协同与关照,以求得政权的稳定。这便是《鹡鸰颂》寄托的旨意。

所以唐明皇亲自书写了《鹡鸰颂》，通篇精到，落笔圆厚，结体丰丽，书风雄秀，具有唐代的典型特征。也可看出《兰亭序》对他的影响，其笔画肥厚清晰地反映出唐明皇崇尚丰腴之美的审美趋向。清吴其贞《书画记》云："书法雄秀，结构丰丽，绝无山野气。"清杨守敬《学书迩言》："明皇碑版已开圆熟之派。此帖柔而有骨，故自可传。"其书法评价整体上都是肯定的。

至于米芾的《芜湖县学记》，一度传说原石已失，其实碑石与翻刻的帖石都在。宋徽宗崇宁二年（1103），芜湖县令林修奉旨扩建学宫，林修为了扩大其影响，特请礼部尚书黄裳撰文，米芾书丹，张士亨镌刻，碑石镶于芜湖学宫大成殿东侧。学宫曾在清代咸丰三年（1853）毁于战火，于同治重建，碑石现存于芜湖十二中内。《芜湖县学记》法帖最早见于明代苏州刻帖高手章藻摹刻的《墨池堂选帖》。清乾隆年间葛正笏刻《仁聚堂法帖》时辑入了米芾的《芜湖县学记》，应是翻刻了《墨池堂选帖》。米芾《芜湖县学记》是其晚年的作品，运笔潇洒，如追风逐电，漂宕痛快；结构流畅，如霞舒云卷，跌宕生姿，表现出他"随意落笔，皆得自然"的笔致与"八面出锋，浑然天成"的技巧，应是米芾的精品之作。

如果从人文价值的角度来看，《仁聚堂法帖》中宋高宗《付岳飞》条石最为吸引眼球。宋高宗赵构是徽宗第九子，于南宋在位三十六年。此条石计九十九字，俗称此帖为《付岳飞》，其实，帖名应是《赐岳飞批札卷》。原墨迹藏于台北"故宫博物院"。此是宋高宗亲自写给岳飞的手敕，虽然他后来与秦桧合谋害死了岳飞，但从此敕看，当时岳飞在其心中是一员爱将。如文所言"风霜已寒，征驭良苦"，传递了一种体恤之情。接下来又表达了深切的期待："长江上游一带，缓急之际，全藉卿军照爱。"这种将国家安危托付给岳飞的词意，传达出对岳飞是多么的信任！且如文尾之言"如卿体国，岂待多言"。可惜此时的岳飞，岂能知道自己最后悲惨的结局！由于赵构一生苟且偷安，匿怨忘亲，重用奸臣，当大功垂成之际，只想保牢自己的帝位，便冤杀岳飞父子，乞和于金，而偏安一方。宋皇室多数附庸风雅，偏爱书画，赵构亦然。他自小酷爱书法，初学黄庭坚，继学米芾，后专意锺王，几无一日之懈，自称"余五十年间，非大利害相妨，未始一日舍笔墨"。精真、行、草书，笔法洒脱婉丽，自然流畅，颇得晋韵。明陶宗仪在《书史会要》中评其有"天纵之能，无不造妙"。这个由宋高宗亲自书写的手敕，无论在整体格局上，还是具体点画形态上，都受王字的影响，用笔精纯，结字疏朗，在帝皇之间也算得上是拔萃之作。

《宋贤六十五种》主要是刘恕的自刻帖,共九十九石。在《留园志》中载:"清嘉道间留园主人刘恕采历代旧刻及家藏墨迹,自刻摹勒上石,除苏轼、黄庭坚、米芾、蔡襄四大家外,还广泛收集司马光、王安石、秦观、贺铸、文天祥、陆游,荟萃为《宋贤六十五种》,另附少量宋代以前诸贤如晋代王珣《伯远帖》及谢安、欧阳询等书法,还有沈度书《不自弃说》、米芾书《名花诗》……洋洋大观,为他处所罕见。"实际上自刻帖远远超出六十五种范围,其中不仅保存了大量流传少见的名人法帖,同时也通过法帖留下了不少遗事逸闻。其中,米芾临王羲之的《破羌帖》,又名《王略帖》,最为有名。《王略帖》有这样一则故事:米芾来到真州后,登舟探访蔡攸,蔡攸便取出了自己珍藏的王羲之《王略帖》给他赏玩。米芾见到这幅气韵高古、苍雄沉着、逸迈奇崛的真迹,惊奇称绝,决意要将自己收藏的画与他交换。而蔡攸难以割舍,脸带难色,婉加拒绝。不料米芾突然跑到船边大叫:"你若不与我交换,我即跳江而死。"蔡攸出于无奈只能将《王略帖》与其藏画换了。米芾收藏到《王略帖》真迹后,天天醉心临写揣摩,爱不释手,每日入睡前,还要将其藏入小箱,放置枕边方才入睡。米芾在得到王羲之的《王略帖》、谢安《八月五日帖》、王献之《十二日帖》后,欣然将书斋名为"宝晋斋",以表崇尚晋人书法。《王略帖》是羲之的精品之一。此帖在桓公破羌收复洛阳后书,王羲之虽已归隐,但他对击破羌贼感到由衷的高兴,在《王略帖》的字里行间就流露出一种亢奋之情。结字峻美,笔法入神,书体风格在《大观帖》和《十七帖》之间。

《二王法帖》是留园书条石中最重要的一部丛帖。其祖本名为《二王帖》,是由宋开禧二年(1206)许开在守清江郡时所刻。全三卷,上、中两卷为王羲之书,下卷为王献之书,卷末附许开的释文。明代嘉靖时,吴兴汤世贤曾用木版翻刻。翻刻本后归溧阳史氏,又称"史氏本"。明嘉靖年间吴江松陵刻帖高手董汉策在此基础上,为了将其改刻为石刻本,他与三个儿子一起从嘉靖四十年(1561)到万历十三年(1585),整整用了二十四年时间才刻就。内容增入兰亭、黄庭、曹娥、画赞、乐毅、宣示、洛神七种为首卷,将二王书帖分为两卷,每卷又分上中下三个部分,共收录一百三十八帖,并附两卷目录。此法帖在嘉庆年间为留园主人刘恕所得。但首卷已佚,帖石也有残缺,为此他作了整理,并增补了《山川诸奇帖》、《谢光禄帖》、《耆旧传帖》、《敬和帖》、《助汝帖》、《使还帖》、《九日帖》、《旧传帖》等帖。在编排上分为上、中、下三卷,合计一百五十一帖。上卷右军书五十七帖,中卷五十帖，下卷大令书四十四帖。这些嵌入廊壁的《二王法帖》经过二百多年的沧桑变化，从太平天国始，几经战祸，几易园主，几度兴废，发生了诸多变故。特别在抗战期间被日军占用，备受损毁。俞啸泉在《抗日时期苏城沦陷记》中记载，留园"栋折榱崩，墙倾壁倒，马屎堆积，花木萎枯，玲珑之假山摇摇欲坠，精美之家具搬取一空"。书条石也遭到严重毁坏，虽经部分修复，在最新编印的《留园志》中，现存的《二王法帖》仅存五十九石，一百三十五帖，比刘恕整理时少了十六帖。为此我对留园嵌在廊壁上的《二王法帖》书条石进行了初步核对，只找到一百一十五帖，比《留园志》统计的还少了二十帖。现可确定缺少的有《宫奴帖》、《服食帖》、《裹鲊帖》、《冬朝帖》、《近日帖》、《廿九帖》、《南中佳音帖》、《冠军帖》、《服油帖》、《复面帖》、《范新妇帖》、《云何帖》、《想彼悉佳帖》等；另外，仍嵌在廊壁上的《违远帖》、《七月二日帖》、《谯周帖》和《隔日不见帖》却未被统计在《留园法帖目录汇编表》内。究其原因，可能《留园法帖》历经多次变故、毁坏和散失等原因，造成统计上的缺漏。尽管如此，瑕不掩瑜，保存下来的这些书条石使我们至今还能目接身触，既可欣赏晋人的书法神韵，又可神与物游，思接千载。

而最为重要的是，这些书条石。使人联想到，《二王法帖》在"二王"开创"今体"中的特殊意义。如果我们仔细观察留园的《二王法帖》，就会发现其中一个非常特殊而重要的现象，就是这些法帖基本上全是书札。这是什么原因呢？要说明这个问题得从那个时代中去寻找。应该说，"二王"传世的墨迹原本是非常多的，其流传见诸记载的有：刘宋内府收藏二王书迹七百六十七卷。梁武帝内府藏二王书迹一万五千纸。隋文帝也"尽价购求"王羲之书法墨迹，得真书五十纸、行书二百四十纸、草书二千纸。唐太宗贞观年间内府收藏王羲之书迹一百二十八卷，计二千二百九十件。至宋宣和内府藏右军书迹急剧减少，仅有二百四十三件。这些"二王"书迹几乎被帝王贵族所垄断，其遭遇或随战火而玉碎，或作奇珍而陪葬，至今没有一件真迹流传下来。仅存的四百余帖摹本与拓本中，摹本仅三十余帖，其余都是拓本。其中"二王"法帖被宋代官刻的《淳化阁帖》保存最多，王羲之一百六十帖，王献之七十三帖，合计达二百三十三帖。留园《二王法帖》的祖本《二王帖》就是从《淳化阁帖》中翻刻了七十七帖，其余的四十五帖取自其他宋代官刻或私帖。这说明一个问题："二王"流传下来的作品除了《兰亭序》、《黄庭经》、《曹娥碑》、《东方朔画赞》和《兴福寺碑》等极少的几件外，其余都是书札。由此可知，两晋时代的书法作品形式，是以书札为主体，其原因与当时书写材质发生重大变化和处在新旧书体嬗变的定型时期有关。

"二王"的时代还处在简与纸并存的时代，书写用纸正处在发展、推广、普及、应用的阶段。大家知道，汉代蔡伦造纸，要到汉末左伯才以造纸称美。张怀瓘《书断》中提到：汉末"子邑（左伯之号）之纸，妍妙辉光"。三国魏时的韦诞也曾说到："张芝笔，左伯纸及臣墨。"说明左伯纸才开始有影响，但只局限于北方地区的少数人在使用，故西晋时期江左陆机的《平复帖》使用的是麻纸。麻纸是以大麻、苎麻和黄麻为原料，经捣碎、蒸煮而制成纸浆。虞世南《北堂书抄》引《陆云集》中致陆机信札中说："前集兄文为二十卷，书工，纸不精，恨之。"从信札中对"纸不精"的愤恨，说明陆机所处江南的造纸技术。还达不到北方左伯纸的质量。因此，纸虽已在社会上使用，但其质量与数量尚不能完全替代简牍，官方的公文依然在使用竹简。而简牍的宽度仅在一厘米以内，文字书写紧缩在一个细而狭长的范围内，这对书写用笔与布白是一个局限，严重束缚了书法艺术的发展。因此只有当廉价纸张出现并成为普遍的书写材料时，才能摆脱束缚，开创出书法新的天地。那么，王羲之当时用的什么纸呢？晋虞龢说："王羲之用茧纸。"茧纸的原料是以废弃的蚕茧为主。董逌《广川书跋》中说王羲之的用纸："所出紫纸，多是少年临川时迹，至其中年，竞用麻纸，盖欲其行笔流便，屈折如意。"赵汝珍《古玩指南·各代名纸》云："惟二王真迹多用南纸……盖东晋南渡后，北纸难得，况右军父子所居多在会稽，故多用南纸书写者多。其纸只高一尺许，而长则尺有半，盖晋人所用纸幅大率称是，验之兰亭押缝可知也。"从上述引文可知，王羲之早中期使用茧纸、麻纸为主，纸的大小是晋代规定的尺幅，称之为尺纸和尺牍。现经专家对魏晋时期近百种纸张进行检测，确认大部分是麻纸。但王羲之担任会稽令后，应当也使用了剡藤纸。西晋张华《博物志》云："剡溪古藤甚多，可造纸，故即名纸为剡藤。"在三国孙吴时期，浙江嵊县曹娥江上游剡溪沿岸的野生藤皮已用来造纸。剡藤纸以薄、轻、韧、细、白，莹润光泽，坚滑而不凝笔，适宜于表达笔法墨韵。《太平御览》引《语林》中有一段记载："王右军为会稽令，谢公就乞笺纸，库中唯有九万枚，悉与之。"笺纸，是指精美的小幅纸张，即当时规定的纸张尺幅。王羲之一下子将库存的九万张笺纸都给了隐居在附近的谢安，说明在简牍废止之前，书法对纸张的消耗已非常之大，反映了当时造纸业的规模与技术都达到相当的水平。同时，也可看到笺纸对书札的盛行起到了关键性的作用。这就可使我们理解，为什么"二王"留下的书法几乎都是书札了。当纸张开始普及，人们也习惯使用纸张书写后，那么，肯定不会再使用昂贵的缣帛与笨重的简牍，纸张替代竹木简成为必然。于是在东晋元兴二年（403），也就是在王羲之过世四十二年之后，桓玄称帝后下令："古无纸，故用简，非主于敬也。今诸用简者，皆以黄纸代之。"废止了简牍，正式将纸作为官方的书写材料。

纸张的普及催发了书札的兴盛，书札的盛行又推动了书风的转变。"二王"恰逢其时，时代赋予他们最为有利的创变机会，纸张的普及使他们的字形得以任意地舒展，笔法可以淋漓地挥洒，行间可以自由地变化，这给行草书的创新带来了无限生机，同时也引发晋代士人以尺牍书法相争胜，并形成"能书为荣"的风气。如庾翼因少时与王羲之齐名，当王羲之书名超越他后，庾翼很不服气，在荆州与都下人书云："小儿辈贱家鸡，爱野雉，皆学逸少书，须吾还，当比之。"（何法盛《晋中兴书》卷七）而王羲之对自己的书法也很自负，在其《自论书》中说："吾书比之锺、张，当抗行，或谓过之。"孙过庭《书谱》对当时的争胜之风作了描述："东晋士人，互相陶染。至于王、谢之族，郗、庾之论，纵不能尽其神奇，咸亦挹其风味。"这种风气不仅推动了士人们的相互攀比与竞相争胜，同时，使晋人的书札成为展示书法的重要载体，并使书札成为这一时期的书法精华。这种现象与明清时期的折扇极其相似，每个书画家都努力将扇面上的作品成为自己的精品，因为扇面是当时人际交往中随身携带的最佳展示载体。因此，晋代的尺牍，促使士人们在任情尽兴的挥洒中，淋漓满纸，独辟意境，发前人之未发，以最佳的状态来展现才能、宣泄心扉，于是出现了晋代傅咸在《纸说》中对书札盛行的描述："鳞鸿附便，援笔飞书，写情于万里，精思于一隅。"人与人之间在空间上的横向交流得以盛行，书札成为晋人之间情感交流与书法展示的主体。书札的"一札一式"成为时尚，每个书者完全沉浸在忘情而生动的挥洒中，使书写方式与书者性情得以空前解放。点画、结构、字势随其性情作各种微妙的变化，出现了各种不同的形式与风格，书法艺术也随之开创出一片全新的天地，掀起了我国书法史上自东汉之后的第二个"书法热"。书法艺术由先前偏重实用性美观，进入到具有独立艺术价值的真正自觉时期。追求形超神越，"适我无非新"。"二王"即是这一时期的典型。他们尽管偏安江左，失去了北土雄浑的气概，但他们巧妙地融合了江左的清丽与士人的超逸，在抒发才情与展现自我中涌现出无比的自由性和丰富的创造性，创作出俊逸、雄健、流美的新行书与点画多姿、笔势连绵、韵致婉转的今草书，使他们留下了大量的"丰神劲逸，姿致萧散"的"今体"书札，不仅使时人以得片纸为荣，竞相收藏，同时，也给后人留下了独具审美价值的造型之美、形构之精、力度之劲、笔性之纯。可以说，"二王""今体"这种"外形规范优美、内质绝俗高伟"的空间构成与韵律之美，"飘若游云，矫若惊龙"（刘义庆《世说新语》），管领了书坛十多个世纪。

三、怡园书条石及其人文价值

怡园建于晚清，集苏州众园之长，是一座集锦式古典园林。怡园的最大特色就是文化。特别是《怡园法帖》所追求的高质量、书画与古籍收藏的高品位，以及各种雅集活动的高层次，使这座造园晚、面积小的园林显得特别精致、富有生气而具生命力。怡园的一百零一方书条石，数量仅是留园法帖的四分之一，但它名闻遐迩，影响海内外。园内镌刻的书条石，几乎都是过云楼园主顾文彬家藏历代五十多个名人的书法精品，名为《过云楼法帖》或称《怡园法帖》。其中被誉为帖学书系最后一位大家的董其昌，其行书《乐志论》是他晚年七十一岁时所书的精品。其真迹现藏沈阳故宫博物院。尽管重碑的包世臣对其专写帖而有微词，说他"行笔不免空怯"，但对他善于在平淡中求变化、于洒脱中求雅逸，还是赞叹有加，认为他已达到了"渐老渐熟，反归平淡"的境界。另外在怡园"旧时月色轩"前廊内的八块米芾大字书法，选自他的杂诗，每字十厘米左右。其落笔随意，皆得天真，沉着痛快，超逸入神，骤见者皆为之振奋。其余尚有王羲之、褚遂良、怀素、李邕、祝允明、唐寅等名家墨迹，其中嵌于怡园"四时潇洒亭"廊壁书条石上的"玉枕兰亭"，据说是宋代贾似道请工匠王用和花了一年时间，精心镌刻在玉枕上的摹刻本，怡园主人根据宋拓本再钩摹复刻上石，认为与兰亭真迹无二，名气很响。前人甚至有诗赞曰："翰墨风流冠古今，鹅池谁不赏山阴。此书虽向昭陵朽，刻石犹能值千金。"尽管在人文价值方面两者可能还相当，但从书法的角度看，《玉枕兰亭》将《兰亭序》的每个字缩小到不到一厘米，而且又经翻刻，失去了真迹的神采与风韵，其艺术价值已大大缩水。但曾经由过云楼秘藏且流传有序的《宋拓定武兰亭》手卷，却有无可估量的价值。该卷经考证确认与五字未损的《笪氏定武兰亭》是同一拓本。通过鉴定，并与海内外最著名的

《兰亭序》拓本比较研究后，最后结论是：该帖为国内现存《定武兰亭》最善本。过云楼书画收藏之精湛，由此而可见一斑。

然而，怡园最值得人们称道的人文价值，体现在《过云楼法帖》蕴含的人文精神，包括吴地书画家雅逸的生活方式、任情的文采风流，以及高雅的酬唱风尚，让人难以忘却那历史的一缕芳香。在书条石上反映的典型是：明代聂大年闲散的风骨，清代潘奕隽清远的情怀，以及明代沈周、文徵明等人追和倪云林《江南春》诗，所引发的空前未有的群体性约和酬唱的活动风气。

聂大年（1402—1456），明代江南才子、制词大家，开创了具有个性化的新文风。他的书法真迹在全国普查统计中仅存四件，可见其传世作品的稀少。但能在《明史》中提到"书得欧阳率更法"，说明其在当时是颇有影响的。而且，在怡园不多的书条石中，他一人独占五方，足见当年园主人对他的重视。在书条石中刻录的《紫阳揽胜诗》、《寄杨玘诗》等诗书与信札，有些都未见其著录，更显珍贵。

这里抄录一篇他的《寄杨玘诗》与跋文："今日得名酒，薄言自斟酌。吾生如寄耳，微官乃见缚。无计等梁肉，有肠但藜藿。家人具笋脯，娣孺相酬酢。取醉岂偶然，尽觞聊兀若。泛观宇宙间，孰寤孰与觉。功名一土苴，文字付糟粕。有酒固可喜，无酒亦不恶。昨日良足悲，今日且可乐。陶令归去来，余生任冥漠。"其跋云："四月二十七日，独酌醉后兀然，因作此诗，并书以寄杨玘。"

我们知道，文人莫不爱酒，酒既能浇愁，也能自乐，或能唤醒心志。聂大年在寄给朋友的诗札中描述自己借酒自适，看似悠然自得，但意余言外，隐隐流露出一种犹如效学陶渊明隐逸的独白。这种率真的诗意与细腻的抒情，新颖而不陈腐，自然而不生造，完全是真情的倾诉。丝丝扣人心弦，使人沉浸其中，可能由此引发了园主的联想，而纳为收藏，选为刻石。

然而，我更觉得聂大年在书法上所展示出的新意，更具时代的价值。因为，聂大年所处的时代，正好是明代早中期台阁体向文人书卷气转变的关键时期，一批求变者如聂大年、陈献章、吴宽、李东阳、王守仁等先行者，都想力挽颓风，从沉溺于元人的书风中挣脱出来。聂大年的书法就是在这种氛围中跳过元代，直取晋唐及宋，一改其明初的秀逸靡弱，以彰显自己的风骨。从这块书条石和现藏于故宫博物院《烦求帖》来看，聂大年的书风闲散优裕，气象弘阔，在自然流畅中透出宋人的大气余韵，既有李邕的宽和与温润，也有王羲之的遒丽与劲健，在师古法中做到了自化，写得笔沉墨酣，透出自由自在的情趣。这种导夫先路的创变，自然获得了吴越中人的喜爱与收藏。

潘奕隽（1740—1830），吴县人，乾隆三十七年进士，官至内阁中书，收藏家，是苏州"贵潘"第一人。他的那块《道光戊子三月十七日游吾与庵作》的书条石，是他在八十九岁高龄时所写，其诗曰：

蹩辄书帷课，言寻开士窝。群峰敛宿霭，一径转烟萝。入坐容疏放，凭轩宜啸歌，僧雏应窃笑，步履更婆娑。吾与庵之傍，隙地一亩山。

诗后跋云：

僧心诚创开放生池，掘地数尺得井，淤而不活，疏之，泉涌出，遂满池。山僧甃石作阑，请命名，名之曰"天眼"，而系之诗："山僧掘地脉，旧井待新诗。显晦原有数，澄莹今应时。人谋合缁素，天意合慈悲。病眼宜虔洗，斟来吾肯辞。

"吾与庵"是位于苏州城西支硎山观音禅寺旁的静室，原名"善英庵"。乾隆五十九年（1794），浙江天台高僧澄谷来到支硎山，卓锡"善英庵"。取《论语》"吾与点也"之意，将寺院改名为"吾与庵"，以此彰明远离世俗的心志。此庵四面环山，东望灵岩，西接天平与寒山诸峰，地势开阔深奥，风水非常之好。据韦光黻《闻见阐幽录》记载，澄谷到此庵后，经营得"蓬蒿不剪，清旷无尘"，于是"吾与庵"成了诗人名流往来酬唱的名胜之地，诗人唱和之墨宝都被禅师们刻到壁上，传为一时佳话。潘奕隽是苏州望族，与禅师们交好，每年要游山到吾与庵。他在八十岁时的一首唱和诗收录在他的《三松堂续集》末尾，标题很长：《吾与庵心诚禅师出示莲池大师诗幅，诗曰："一生心事为求闲，求得闲来鬓已斑。更欲破除闲耳目，要听流水要看山。"率和二首，留赠心诚、远尘二禅师》，诗云："古人心事只求闲，羡汝能闲鬓未斑。自笑秃翁逾八十，年年来此坐看山。""身闲难许是心闲，莫说身闲鬓不斑。且向门前来倚杖，但听流水但看山。"这两首和诗，兴寄超逸，韵味隽永。潘奕隽虽不求诗书为名，但他的诗意不即不离，不粘不脱，有冲淡清远之趣。书法同样也获得较高的评价，清齐学裘在《见闻随笔》赞其"篆隶真草卓然大家"。从这块刻石也可看出，其书风雍容大度，不拘陈规，在笔致中尚有金石之气。

最让人感到意外的是，在怡园"碧梧栖凤"的边廊侧面，有一块并不起眼却极具人文价值的书条石，那就是文徵明与唐寅对倪瓒《江南春》的追和与题跋，尽管这方书条石只选刻《江南春》唱和之风最具代表性的极小部分，但它却记录着吴中文人在元明时期所形成空前未有的群体性约和酬唱的活动风气。刻石把其中最为典型的部分展示了出来，使这条廊壁无意中回荡起当时绕梁的吟诵余音，飘扬着高士们自明其志的雅逸情怀，讲述着他们在唱和之中与唱和之外那些不尽的故事。说起故事的发端，要追溯到元末的高士倪瓒。他当时用北宋宰相寇准的《江南春》词牌，化作变体，赋出新意。诗云：

汀州夜雨生芦笋，日出瞳晓帘幕静。惊禽蹴破杏花烟，陌上东风吹鬓影。远江摇曙剑光冷，辘轳水咽青苔井。落红飞燕触衣巾，沉香火微蒙绿尘。春风颠，春雨急。清泪泓泓江竹湿。落花辞枝悔何及，绿桐哀鸣落朱碧。嗟我何为去乡邑，相如家徒四壁立。柳花入水化绿萍，风波浩荡心忡营。

倪云林在第一、二首诗中以天真平淡、含蓄蕴藉的笔调，纯真自然地抒发春色，好像在品尝清醇的茶，娓娓道来，信口而出，完全是一种自然的流露；接着在第三首中将春景与心境相连，抒发出自己暮春时的无奈之情。倪云林身处一个外族入侵、天下动荡的时代，他心怀忧患，散尽家产，只身出游。我们可以从诗的最后四句看到诗人苦涩的情绪和寒酸的心态。尽管他自己说："我拙唯任真"，但他将笔下的"本真"，变成是非常平淡的心态描述，是一种心底的自然流露，平淡得毫无雕饰，却使人感到这种表述更深沉、更醇厚，是用"极练如不练，本色而出色"的手法打动所有人。所以当他将诗分送倡和后，便引发了文人们的共鸣，使倡和之风得以发酵并延续到明代。

明弘治十一年（1498），当许国用（吴县人，与沈、文都有交往）将收藏的倪瓒《江南春》诗带到蔡羽、沈周、文徵明、唐寅、杨循吉、徐祯卿等人的雅集现场，引起了吴中文人的藻思波涌与争相追和。其中沈周与文徵明兴致最高，沈周连和三首，文徵明也和了两首。据不完全的统计，从弘治十一年到正德初年、十二年、十四年，连续举办过多次《江南春》的追和活动，并引发沈周、文徵明、唐寅等不少吴门画家以《江南春》为题进行的绘画创作。特别是文徵明对倪瓒的《江南春》诗表现出的浓厚兴趣，分别于嘉靖九年（1530）、十一年、十二年、二十三年、二十六年、三十五年共六次，以"江南春"为题材进行了山水画的创作，为《江南春》诗塑造了多种山水意象。也就是在嘉靖九年，袁表请了仇英画了一幅《江南春图卷》，再次发起了一次以怀念沈周为主题的追和活动。文徵明在连续追和两首以后，在诗序中感慨不已地写道："往岁同子畏、希哲诸公和《江南春》，咸苦韵险，而石田先生骋奇抉异，凡再四和。其末也，韵益穷而思亦益奇。时年已八十余，而寸情不衰，一时诸公为之敛手。今先生下世二十年，而徵明亦既老矣，因永之相示，复为补图，并录倪瓒首倡。展诵再三，乃拾其遗余，亦两和之。非敢争能于先生，亦聊以致死生存殁之感尔。嘉靖庚寅仲秋文徵明记。"读了文徵明这篇追和的诗序，我们深深地感到在《江南春图卷》中流淌着古代文人之间浓浓的情谊与洗尽铅华的风致，引发了他连续创作《江南春图》的激情与欲望。我们再看收录在书条石中文徵明这篇诗与序，嘉靖九年正好文徵明六十岁，从北京致仕后返苏不久，正处在全身心地投入到书画创作之时。可以看出，他是抱着虔诚的心态，用蝇头小楷毕恭毕敬地写了这篇序，不见通常的尖笔露锋与精巧妙致，而是写得质朴圆浑，结构疏缓，正奇混成，一展其曾"专法晋唐"（见《文嘉撰行略》）的风采。他对小楷的求变出新，一生从无间断。朱和羹在《临池心解》赞道："明楷以文衡山第一。"王世懋也曾感叹："年九十时，犹作蝇头书，人以为仙。"（《王奉常集》）

唐寅在这块书条石上的《江南春》和诗，写的是行书，落款为"正德丁丑清明日，后学唐寅奉同"。唐寅的文才与绘画在当时被誉为"吴中四才子"与"吴门四家"。只有书法因王世贞的偏见而误导了后人，说"伯虎书入吴兴堂庑，差薄弱耳"。这种先入为主的评论，造成后人对唐寅的书评寥寥。其实唐寅书法力追晋人典雅之趣，虽学过赵孟頫，但他广采博取，深受李邕、颜真卿等人的影响，造诣极深，是吴门书派四大家之一。从这块条石上看他的书法：虽不是他的精品，但用笔圆润，书写平和率意，显得风姿绰约。

发起嘉靖九年追和活动的袁褎（1488—1553），字永之，是明代"袁氏六俊"之一，常与文徵明、王宠相唱和。他除了请仇英补画了《江南春图卷》外，还于嘉靖十八年，将明代正德到嘉靖期间吴中名士追和倪瓒《江南春》的诗编辑成帙，付梓为《江南春词》一卷，被收入《四库全书》。《四库全书总目提要》提到："时吴中有得瓒手稿者，因共属和成帙，首有作者姓氏，自周以下共五十人。嘉靖十八年，袁褎序而刻之，后有袁袠跋，二人亦皆有和作。"仇英画的《江南春图卷》经明清两代人递藏，从陶斋公袁褎始，经话雨楼王任堂，转由过云楼顾文彬藏，至民国为庞莱成收藏。因此，怡园这块书条石上文徵明与唐寅的追和与题跋，应是在过云楼收藏时从仇十洲《江南春图卷》中选刻的。

从倪瓒写《江南春》的诗，到书画家和诗人们不断地追和，再到吴门画派领军人物与画家们环绕《江南春》主题的创作与题跋，我们看到明代文人书画、诗文创作的共性，那就是他们的创作都融入了当时的人文环境与人文情境，其创作的背后都涉及某个事件、某种社会关系，使其内容甚至形制也与之相适应。这种人文特点，使我们看到明代作品中隐含的时代精神与人文情结。

《江南春》所引发的唱和之风，通过那些已经斑驳的书条石，间接地为怡园播下了文化雅集的种子，使怡园从清末开始成为苏州最早的书画社团活动场所。从"吴中七老"到"画中七友"，首开了近代的社团雅集之风。当时活跃在苏州的"吴中七老"，为清末缙绅名宿吴云、顾文彬、李鸿裔、沈秉成、潘曾玮、勒方锜、彭慰高七人，他们组成真率会，相互轮流组织雅集活动，有记载的就达三十余次，持续了三十余年，传承着古人的林泉高致。到光绪十五年（1889），以"画中七友"为骨干，继真率会余绪，成立怡园画社。吴大澂被推选为会长，参加的有吴昌硕、王同愈、顾沄、陆恢、沙山春、蒲华、任预七人，其中海上画派的代表人物吴昌硕、蒲华、任预都是从怡园画社走出去的翘楚。据《过云楼第五传人顾笃璜回忆录》记载，吴昌硕在苏州当巡捕时，经常到过云楼学画。他原来喜欢的是恽南田的没骨细笔，在顾鹤逸的指点下，吴昌硕才得以另辟蹊径，改走八大山人的笔路，以书入画，开辟一条独特的绘画之路。至1918年在新文化运动潮流的影响下，以颜文樑、杨左匋、顾公柔、陶冷月为首的几人发起了苏州画赛会，这个由西洋画家和中国画家联合起来的组织，首开了不同于传统书画雅集的美术展览形式，这应是我国最早的美术展览，很多怡园画社成员都参加了此次画展，获得了极大的成功。1922年进而成立了苏州美术会，以怡园作为美术会会址，聘请怡园画社元老顾鹤逸为会长，并出版《美术半月刊》。1931年顾鹤逸侄子顾彦平发起重组怡园画社，成立东方美术会，时称小小怡园画社，参加者有朱梅邨、徐沄秋、贝聿铭、樊诵芬、蔡震渊等二十人。1949年张星阶、蒋吟秋在怡园成立苏州书画印章研究会，1961年在怡园湛露堂成立苏州国画馆。可见怡园从清末起便成了苏州近代文化活动的摇篮。

四、狮子林《听雨楼法帖》的四大特点

狮子林有书条石七十二块，其中主要是《听雨楼法帖》，属于苏州四大法帖之

一。此丛帖为周于礼所刻。周于礼（1720—1778），字绥远，号立崖，峨山人。乾隆十六年（1751）进士，由编修历官大理寺少卿，大收藏家。周氏因喜欢书法，刻苦师法苏东坡、米元章，笔势雄健，自成一体。他在嘉庆年间将所藏的唐宋元人真迹汇刻成《听雨楼法帖》四卷，第一卷为褚遂良、颜真卿、蔡襄三家，第二卷为苏洵、苏轼、苏辙，第三卷为黄庭坚，第四卷为米芾与赵孟頫。此刻石在道光间归顾南雅所有。顾南雅（1765—1832）即顾莼，知名学者，大藏书家，入祭沧浪亭五百名贤祠。由于周于礼、顾南雅对《听雨楼法帖》从未捶拓，社会上未有拓本流传，故外界对此丛帖知之甚少。咸丰元年（1851），此帖被吴县沈宝谦购得。沈宝谦是清代学者，文献学家，著名藏书家，重视拓本的流传，才开始拓帖。在范仕义的跋语中说道：沈宝谦得石后"爱拓而出之，并序始末，以告世之得是帖者"。著名金石学家叶昌炽得到拓本是在沈宝谦去世十余年之后，由其子所贻。自此之后，人们才得知《听雨楼法帖》的原石尚在苏州。民国初年，园主贝仁元重修狮子林时，出重金购入《听雨楼法帖》原石，置入石舫后面的游廊间，并建听雨楼于指柏轩之上，将拓本皮藏其中，然听雨楼与拓本因后来的一场大火而毁之。

《听雨楼法帖》的最大价值是其抉择之精、摹泐之善，足与同时千墨庵、寒碧庄诸帖同为艺林宝爱。现将其归纳为如下四大特点：

一是法帖抉择精美，汇刻了唐代颜真卿、褚遂良，宋代苏轼、黄庭坚、米芾、蔡襄和元代赵孟頫的法帖，使人在浏览之间，顿觉件件是精品，琳琅满目，美不胜收。如黄庭坚晚年的大行书《经伏波神祠》，其取法颜真卿、怀素与杨凝式，笔法以侧险取势，纵横奇崛，字势开张，结体舒展，自成风格，在宋人中无出其右。故此卷后面的跋中，张孝祥赞其为"信一代奇笔"，文徵明称其"雄伟绝伦，真得折钗屋漏之妙"。再如米芾的大行书《研山铭》和《虹县旧题》，陈浩在《研山铭》题跋中称其："米书之妙在得势，如天马行空，不可鞿勒，故独能雄视千古，正不必徒以淡求之，若此卷则朴拙疏瘦，岂其得意时心手两忘，偶而得之耶！"而真正引人注目的是米芾的《虹县旧题》，字大如拳，每行只有两到三字，共三十七行，其迸发的洒脱率直之气、苍劲雄健之力，无不为之惊叹。原迹现藏于日本国立博物馆，卷末有元好问盛赞之跋："清雄绝俗之文，超迈入神之字"。至于蔡襄的《谢赐御书诗表》等几幅精品，也显得温淳婉丽，化古为我，堪称是他的精品。即便是选刻赵孟頫临死前两年所写的行草书《昼锦堂记》，也是他改变甜熟习气后的精品，用笔更多地使用了侧锋和翻转，使书风一变为方劲挺峭，赫烜入目，尽显其晚年新的书写特色。从《听雨楼法帖》所选刻的法帖之精，几可谓是唐、宋、元时期法帖精品之大成。

二是所选法帖的稀有性。首先是褚遂良书写的《枯树赋》，没有真迹传世，刻本稀少，故弥足珍贵。其次是颜真卿行草《张长史笔法十二意》帖，写得凝重奇崛，富有篆籀气息。朱长文评颜字："点如坠石，画如夏云，钩如屈金，戈如发弩，纵横有象，低昂有志，自羲、献以来，未有如公者也。"其手稿久已不存，外界几乎见不到拓本，上海朵云轩不久前才收藏到一本明拓本，被视为珍宝，可见此刻是多么的珍贵。另外，过去几乎看不到苏东坡的小楷，充其量只能见其行楷而已，然而在《听雨楼法帖》中却见到了小楷《九成坛铭》，其点画精美，结字宽绰，意态从容，使见者都感到意外。故清代严绳孙在题跋中感慨道："苏文忠公小楷有黄庭内景经，犹差大于此。在吾乡安氏，竟不及见，外此虽墨本亦少矣！此乃能收敛奔放之气归于绳墨，辄得数百字，在公生平当为仅见。"还有紧靠在《九成坛铭》边的另一篇苏东坡的小楷《游芙蓉城诗》，历来也未见任何著录，具有很大的研究价值。

三是摹泐精善。《听雨楼法帖》的镌刻者，是当时的刻石高手穆文、刘宏智，此丛刻在当时已与《千墨庵》《寒碧庄》诸帖同为艺林所宝爱。虽然"法帖"在"文革"时期受到涂、砸的局部损坏，但对这些受损书条石按拓片进行了重刻，摹刻得十分精美，字口也非常清晰，使《听雨楼法帖》保持了完整性。

四是《听雨楼法帖》所选法帖集中了帖学在其演变关键时期的经典作品，彰显了镌刻者书学的审美倾向。大家知道，在汉魏南北朝时期书法还没有刻板的规则相束缚，书法充满了创新活力，以追求精神的超脱和心灵率真的流露、崇尚自然为书法之美的唯一标准。然而，这种书法理想又很难把握，于是人们在书法实践中不断寻求字形的秩序和规律，从汉代崔瑗的《草书势》、锺繇的《用笔法》，到晋代卫铄的《笔阵图》、王羲之的《自论书》，再到唐代欧阳询《三十六法》、虞世南的《笔髓论》和颜真卿的《张长史笔法十二意》等，使我们看到汉人尚势、晋人尚韵、唐人尚法的发展过程。书法这一重意韵到重法则的变化，虽然确立了晋唐模式的传统，但规整的法度及其森严的规则，已严重束缚了人们的创造性，因循之风到了北宋初期，已蔓延为媚弱守旧的风气，书坛的沉寂引发了欧阳修的疾呼："书之废莫甚于今！"提倡要在文章之余游心书艺，要像魏晋时那样"盖其初非用意，而逸笔余兴，淋漓挥洒，或妍或丑，百态横生，披卷发函，烂然在目，使人骤见惊绝"。他的这种提倡，是想呈现一种非功利状态下的书法魅力，后被苏轼发挥为"尚意"的书风。在苏、黄、米、蔡的共同努力下，竞相变法创新，追求尚意。米芾也极力主张用"经意"的手法，去求不经意的效果，用"意造构想"达到天然的境界，犹如在北宋中期展开了一场书法革命，最终使苏、黄、米、蔡鼎足天下。由此可见，《听雨楼法帖》的镌刻者对帖学这一变革时期这些经典作品的推崇与向往，显现出周于礼在选辑中卓远的识见与超人的眼光。

  本文虽题为苏州园林中的书条石，但因识见所限，实际上仅选了其中三座苏州古典园林的书条石，重点探讨了其中最具特色的五部书法丛刻，这些丛帖汇集了三国魏晋到清之前主要的书法精华。当我们伫立其间，足以穷心目之胜、快情志之好。特别在欣赏和品味这些书法经典及蕴含其中的人文精神时，真是顿见精彩、心生光辉，块块书条石犹如镌刻在石头上的一座中国书法史矗立在眼前，令人敬仰，令人难以忘怀。

苏州市泰伯文化研究会 2016 年大事记

2016年1月8日,研究会举行会长扩大会议,会长张澄国,副会长胡韵荪、朱红、徐刚毅、王稼句、吴恩培以及林锡旦、胡伯城、谢勤国、施晓平、吴湛圆、何大明、王家伦等出席了会议。会议商议了《泰伯故事新编》《先秦吴越人物传略》两书的编辑、出版安排,要求在上半年能完成出版;商议了《泰伯文化研究》2015年卷的编辑进度,决定由吴恩培担任主编,力争年内出版。会长扩大会议还商议了春节期间的活动及2016年的主要工作。

2016年2月29日,研究会举行会长扩大会议,会长张澄国,副会长胡韵荪、朱红、徐刚毅、王稼句、吴恩培以及林锡旦、施晓平、吴震华等出席了会议。会议首先由王稼句介绍了《先秦吴越人物传略》《泰伯故事新编》两书的出版情况,重点商议了《泰伯文化研究》2015年卷的编辑、出版事宜,最后商议了研究会2016年的活动和近期的安排。大家同意,《泰伯文化研究》2015年卷出版后,召开一次研究会全体会议,做到有成果、有内容,也可以扩大宣传。近期主要把年刊一书编辑好。

2016年8月3日,研究会举行会长会议,张澄国、胡韵荪、徐刚毅、王稼句、吴恩培、朱红、吴永敏(特邀)出席了会议。会议主要有以下内容:

一、同意增补吴永敏为研究会副会长人选。根据泰伯文化研究特别是吴氏宗族文化研究的需要,经张澄国、吴恩培提议,拟增补吴永敏为研究会副会长。吴永敏,1955年11月生,硕士,高级审计师,高级经济师,注册会计师,退休前任东吴证券公司董事长,曾长期担任苏州税务、财政、审计部门的领导工作。据吴氏家谱记载,吴永敏为吴氏第一百○八代孙,长期关注泰伯文化传播和吴氏人物传承,近年来联系和团结了一批在苏州的吴氏宗族后人。经征求各位会长的意见,大家一致认为,增补吴永敏为研究会副会长,可加强在吴氏文化研究方面的领导力量,促进吴氏文化研究的进一步深入。会议一致同意增补吴永敏为研究会副会长人选,并上报市文联批准。吴永敏作了即席发言，表示将在泰伯文化研究、吴氏文化研究方面多作努力，建议在研究会下建立"吴氏文化研究中心"，联系更多的吴氏后裔，共同进行这方面的研究。这一建议得到了会长会议的赞同。

二、关于《泰伯文化研究》2015年卷的出版情况。目前已与古吴轩出版社签订出版合同，编稿已发出版社，近期排版后，由本卷主编吴恩培进行核校，争取在10月前出版。

三、关于编绘连环画《泰伯的故事》的事宜。根据市文明办的要求，市文联所属文艺之家委托泰伯文化研究会组织编绘一本介绍泰伯事迹的连环画册，让更多的青少年了解先秦历史和泰伯文化。会议决定，由王稼句副会长负责这本连环画的创作事宜，初定全书为六十幅，争取在11月之前完成文字和绘画。

四、其他事宜：（一）建议在《泰伯文化研究》2015年卷出版后，召开研究会全体会员大会，同时举行新书首发式；总结研究会2016年工作；通过增补副会长及部分理事。（二）关于《泰伯文化研究》2016年卷的编辑工作，建议由朱红担任主编；（三）研究会将建立"吴氏文化研究中心"，隶属研究会，主要进行至德文化、吴氏宗族、吴氏历史人物方面的研究。

2016年10月28日至30日，吴恩培代表研究会参加了贵州省贵阳市举办的"吴芮文化第二次联席会议暨贵州省经济文化促进会至德文化研究中心成立大会"，并在大会作了交流。

2016年11月21日，研究会举行会长会议，张澄国、胡韵荪、朱红、王稼句、徐刚毅、吴恩培、吴永敏参加。会议决定，11月30日上午在曲园召开全体会员大会，总结研究会成立以来的工作，举行《泰伯文化研究》2015年卷的首发式，通过增补吴永敏为研究会副会长及其他人事事宜，部署下一阶段工作。

2016年11月30日上午，研究会在曲园举行第二次全体会议暨新书首发式。张澄国主持，胡韵荪介绍并总结了研究会一年来的工作；选举增补吴永敏同志为研究会副会长，通过新增吴念博、吴国良、吴守明、吴磊、吴纯为研究会理事；举行《泰伯文化研究》2015年卷的首发式，吴恩培介绍了编辑出版情况；朱红、王稼句就《泰伯文化研究》2016年卷的编辑出版提出了建议和设想；参加会议的会员进行交流活动。

本次全体会议上增补的理事简介：

吴念博,男,1956年生,硕士,苏州固锝电子股份有限公司董事长,苏州市人大常委会委员。

吴国良,男,1961年生,硕士,高级工程师,江苏有限苏州分公司党委书记、总经理。

吴宇明,男,1955年生,高级经济师,苏州石路国际商城有限公司董事长。

吴磊,男,1968年生,博士教授、硕士生导师,苏州大学艺术教育中心主任,苏州市人大常委会委员,致公党苏州市委副主委。

吴纯,女,1964年生,苏州市财政局处长。

图书在版编目（CIP）数据

泰伯文化研究.二〇一六年卷/苏州市泰伯文化研究会编.—苏州：古吴轩出版社，2017.12
ISBN 978-7-5546-1053-4

Ⅰ.①泰… Ⅱ.①苏… Ⅲ.①泰伯（前1285-前1194）—人物研究—文集 Ⅳ.①K827=23

中国版本图书馆CIP数据核字（2017）第292158号

封面题签：潘振元
责任编辑：蔡时真
见习编辑：陆九渊
装帧设计：唐　朝
责任校对：靳晓虹
责任照排：刘　浩

书　　名：	泰伯文化研究.二〇一六年卷
编　　者：	苏州市泰伯文化研究会
出版发行：	古吴轩出版社
	地址：苏州市十梓街458号　　邮编：215006
	Http://www.guwuxuancbs.com　E-mail:gwxcbs@126.com
	电话：0512-65233679　　传真：0512-65220750
出 版 人：	钱经纬
印　　刷：	苏州日报印刷中心
开　　本：	787×1092　1/16
印　　张：	10.5
版　　次：	2017年12月第1版　第1次印刷
书　　号：	ISBN 978-7-5546-1053-4
定　　价：	48.00元

如有印装质量问题，请与印刷厂联系。0512—65640827